Le rivelazioni mistiche quando vengono considerate in linea con la dottrina e la morale cattolica, ricevono l'imprimatur della Chiesa. L'imprimatur è latina "essere stampato". Queste rivelazioni sono destinate a colmare i vuoti lasciati nella Bibbia a causa della censura nei primi giorni della fede cristiana ed anche a causa degli errori di traduzione. Rivelavano le cose che succedono come sono accaduti. Essi <u>non</u> sono fatti per sostituire la Bibbia

*In questa serie*

La Piena Di Grazia: Gli inizi

La Piena Di Grazia: Merito

La Piena Di Grazia: La passione di Joseph

La Piena Di Grazia: L'Angelo Blu

La Piena Di Grazia: L'Infanzia di Gesù

Lamb Books

Versione illustrata per tutta la famiglia

# LAMB BOOKS

Pubblicato da Lamb Books, 2 Dalkeith Court, 45 Vincent Street, London SW1P 4HH;

UK, USA, FR, IT, SP, DE

www.lambbooks.org

Prima pubblicato da Lamb Books 2013

questa edizione

001

Testo copyright @ Lamb Libri Nomina, 2013

Illustrazioni copyright @ Lamb Books, 2013

Il diritto morale dell'autore e illustratore è stato affermato

Tutti i diritti riservati

L'autore e l'editore sono grato al Centro Editoriale Valtoriano in Italia per il permesso di citare il Poema dell'Uomo-Dio di Maria Valtorta, da Valtorta Publishing

Situato in Bookman Old style

Stampato e rilegato da CPI Group (UK) Ltd, Croydon, CR0, 4YY

Fatta eccezione per gli Stati Uniti, questo libro è venduto a condizione che essa non deve, a titolo di commercio o altrimenti, essere prestati, rivenduto, locazione, o altrimenti distribuito senza il previo consenso dell'editore in qualsiasi forma di associazione o di coprire diverso quello in cui è pubblicata e senza una condizione simile compresa questa condizione imposta sul successivo acquirente

ISBN: 978-1-910201-23-7

La

# Piena

Di

# Grazia

*L'Angelo Blu*

LAMBBOOKS

# RICONOSCIMENTO

Il materiale contenuto in questo libro è tratto dalla mistica città di Dio da Suor Maria di Gesù di Agreda che ha ricevuto l'imprimatur nel 1949 e anche dal poema dell'uomo Dio (il vangelo come me rivelò), prima approvata dal Papa Pio nel 1948 nel una riunione del Febbraio 1948, testimoniato da altri tre sacerdoti. Ordinò i tre sacerdoti presente "pubblicare questo lavoro cosi com'è". Nel 1994 il vaticano approva gli appelli dei cristiani in tutto il mondo e ha cominciato ad esaminare il caso per la Canonizzazione di Maria Valtorta (Giovanni piccolo).
E' ancora un oggetto di molte polemiche, sia razionale e politico, come lo sono molti grandi opere. Tuttavia, la fede non è un soggetto nè al razionalismo, nè alla politica.
Il poema del uomo Dio è stato descritto da un confessore del Papa Pio come "edificante".
Revelazioni mistiche sono stati per molto tempo la provincia dei sacerdoti ei religiosi. Ed ora sono ottenibile a tutti. Tutti coloro che leggono questo adattamento, che fonde parti della città mistica di Dio e la poesia del uomo Dio, troverà anche edificante. Attraverso questa luce, la fede può essere rinnovata.

Un ringraziamento speciale al Centro Editoriale Valtortiano in Italia per il permesso di citare il poema del uomo Dio di Maria Valtorta, soprannominato Giovanni piccolo, perche non aggiungo nessun materiale nuovo a queste storie, ho scelto di rimanere anonimo.

"Dal Sangue e dal Cuore Verginale di Maria, il Supremo Dono d'Amore: Gesù-l'Eucarestia."

Maria, 4 Giugno 1953

Grafica di Susan Conroy

L'Editto del Censimento **10**

Il Viaggio a Betlemme **16**

La Nascita di Gesù **27**

L'Adorazione dei Pastori **41**

La Circoncisione **55**

La Visita di Zaccaria **63**

La Presentazione di Gesù al Tempio **71**

La Ninna Nanna di Maria **79**

L'Adorazione dei Saggi **85**

# L'Editto del Censimento

Maria è seduta nel Suo salotto, lavorando ad un tessuto bianco, ma la luce verdastra che entra dalla porta del giardino sta diventando fioca così Ella mette giù il Suo lavoro e si alza per accendere una lampada e chiudere la porta.

Ella è ora in gravidanza avanzata; con una pancia molto grande. Ma è ancora molto bella, leggera sui Suoi passi come una farfalla e piena di dignità e grazia.

Il suo volto è maturato, da quello della tranquilla e innocente fanciulla che Ella era al tempo dell'Annunciazione, a quello di una donna calma e dolcemente regale, che ha raggiunto la Sua piena perfezione nella maternità; esso è ora più sottile, con gli occhi più grandi e più pensierosi ed è questo nuovo volto sottile che Ella manterrà per sempre, eternamente giovanile; che non conoscerà mai la vecchiaia o la corruzione della morte. A trentatré anni da ora, quando Suo Figlio sarà torturato e crocifisso, il Suo dolore La farà temporaneamente apparire più vecchia, come un velo steso sulla Sua incorruttibile bellezza. Ma quando Ella rivedrà Suo Figlio risorto, il velo dell'età sarà dismesso una volta per tutte come se, quando Ella bacerà le ferite di Lui, Ella berrà un balsamo di giovinezza che cancellerà l'azione del tempo. E così ancora una volta, Ella diventerà la raggiante e perfetta Maria che è ora, come un angelo; che non invecchierà mai e rifletterà per sempre l'eterna giovinezza e l'eterna presenza di Dio. Un angelo blu.

Giuseppe, di ritorno da una commissione, entra della porta principale e Maria solleva il capo e gli sorride dolcemente. Anche Giuseppe sorride, ma in fondo sembra preoccupato e Maria lo intuisce e lo guarda da vicino.

Ella si alza e prende il mantello di Giuseppe, lo piega e lo posa su un baule. Giuseppe si siede al tavolo, poggiando il gomito su di esso e la testa sulla mano. Assorto, si arruffa e si pettina la barba con la mano libera.

"C'è qualcosa che ti preoccupa?" Chiede Maria. "Posso aiutarti?"

"Tu mi sei sempre di conforto, Maria. Ma questa volta, ho un grosso problema... che riguarda Te."

"Me, Giuseppe? Di che si tratta?"

Hanno pubblicato un'ordinanza ufficiale di Cesare Augusto

sulla porta della sinagoga, che ordina il censimento di tutti i Palestinesi. Tutti devono andare a registrarsi nel proprio luogo di origine e pagare la propria tassa locale. Dobbiamo andare a Betlemme..."

"Oh!" Esclama Maria, posando una mano sul suo addome ingrossato.

"E' scioccante vero? E molto triste, lo so!"

"No, Giuseppe. Non lo è. Sto pensando... Sto pensando alle Sacre Scritture... che dicono 'E tu, Betlemme di Efrata, la più piccola tra i villaggi di Giuda, da te nascerà il Dominatore'. Il Dominatore promesso alla Casa di Davide. " Egli nascerà lì...

"Tu... Tu credi che sia già ora?... Oh! Cosa faremo?" Chiede Giuseppe costernato, guardando Maria con occhi compassionevoli.

Realizzando quanto ciò debba essere sconvolgente per Giuseppe, Maria sorride rassicurandolo e dice "Non lo so, Giuseppe. La mia ora è molto vicina ma il Signore potrebbe ritardarla per sollevarti da questa preoccupazione. Egli può fare tutto. Non temere."

"Ma il viaggio!... Pensa alla folla. Troveremo una sistemazione? Torneremo in tempo? E se... Se Tu diventerai madre lì, cosa faremo? Non abbiamo una casa lì... Non conosciamo più nessuno."

"Non avere paura, andrà tutto bene. Dio trova rifugio agli animali che stanno per nascere. Pensi che Egli non ne troverà uno per il Suo Messia? Noi abbiamo fiducia in Lui, non è vero? Sempre... E più grande è la prova, maggiore è la nostra fiducia... Egli è la nostra guida e noi ci affidiamo interamente a Lui... considera come ci ha guidato con amore finora...meglio del migliore dei padri... noi siamo Suoi figli e Suoi servi. Noi adempiamo alla Sua volontà... questa ordinanza è la Sua volontà... e Cesare è solo uno strumento di Dio, Che ha predisposto gli eventi in modo che il Suo Cristo possa nascere a Betlemme...
...Betlemme, il più piccolo villaggio di Giuda non esisteva ancora e la sua gloria era già predestinata... - e ora che il mondo è in pace, la gloria di Betlemme sarà raggiunta e la parola di Dio si avvererà.

.. Oh, quanto sono piccoli i nostri problemi quando consideriamo la bellezza di questo momento di pace! Pensa solo questo, Giuseppe: un tempo in cui non esiste odio nel mondo! Può esistere un momento migliore per la nascita della "Stella", la divina Luce della redenzione?... Non avere paura, Giuseppe. Se le strade saranno insicure, se le folle renderanno il nostro viaggio difficile, gli angeli ci difenderanno e ci proteggeranno. Non noi: ma il loro re.

...Se non troveremo alloggio, le loro ali saranno le nostre tende. Non ci sarà nessun pericolo. Non può esserci: Dio è con noi."

Giuseppe si risolleva ascoltandola e le rughe sulla sua fronte si distendono. Rinvigorito, sorride e dice "Tu sei benedetta, sole dalla mia anima! Tu sei benedetta perché Tu vedi tutto attraverso la Grazia di cui sei piena! Non sprechiamo altro tempo allora. Dobbiamo partire prima possibile, per ritornare prima possibile, perché tutto è pronto per... per il..."

"Per nostro Figlio, Giuseppe. Così deve apparire agli occhi del mondo, ricordati. Il padre ha coperto il Suo arrivo con un velo di Mistero e noi non dobbiamo sollevare quel velo. Lo farà Gesù quando verrà il tempo..." e il volto di Maria è radiante di luce, bellezza e dolcezza quando Ella pronuncia il nome di "Gesù".

E così essi cominciano i preparativi per il loro viaggio a Betlemme, che impiegherà cinque giorni. Essi preparano della verdura, della frutta e del pesce da portare con loro. Giuseppe va a cercare due asini che li portino in viaggio ma è un periodo di grandi incombenze per tutta la Palestina e dopo una lunga ricerca, egli riesce a trovare solo un piccolo asino. Maria, essendo pienamente consapevole delle profezie secondo cui il Redentore sarebbe nato a Betlemme, porta con sé anche della biancheria e indumenti necessari per il parto. Avendo concordato una data per la partenza, essi affidano la loro casa ad un vicino e partono per Betlemme.

# Il Viaggio a Betlemme

E' una tranquilla giornata d'inverno. Il cielo è terso ed il freddo pungente. Sulla strada principale, ci sono piccoli asini ovunque, stracarichi di gente e dei loro bagagli, alcuni che vanno in una direzione, altri nella direzione opposta. La gente sprona i propri asini, cercando di affrettarsi, e anche per tenersi caldi.

I venti invernali hanno gelato l'erba bassa nei campi e la nuda campagna collinosa ondeggiante in tutte le direzioni ora sembra più vasta. Le pecore nei pascoli si mantengono vicine per evitare il freddo e mentre cercano l'erba, guardano anche all'orizzonte il sole che sorge piano, sollevando le loro teste e belando come per dire "arriva presto, perché fa freddo".

La strada attraversa il centro delle valli e dei versanti, verso sud-est.
Maria indossa un velo bianco, un lungo abito blu scuro che le arriva ai piedi ed è avvolta in un pesante mantello di lana blu scuro, seduta su un fianco su un piccolo asino con il suo bauletto di fronte alla sella.

Giuseppe tiene le redini e cammina accanto a Lei. Invisibili agli occhi umani, essi sono accompagnati, vigilati e difesi da ogni lato da uno squadrone di diecimila angeli incaricati da Dio Stesso, visibili in forma umana da Maria, e da molti altri che fungono da ambasciatori e messaggeri del Padre Eterno per e dal Suo Figlio Unigenito, nel Grembo di Sua Madre.

Poiché sembrano poveri, essi sono trattati male e gli viene offerta scarsa ospitalità nelle taverne e nei locali dove cercano rifugio durante il viaggio di cinque giorni; la gente è spesso rude con loro. In alcuni posti, gli viene negato l'ingresso. In altri, gli viene concesso un angolino nell'ingresso o peggio. Ma ovunque si trovino, gli angeli formano una corte impenetrabile attorno a loro. Poiché sono così ben protetti, Maria spesso incita Giuseppe a cercare di riposare un po' ed egli acconsente. Ed ogni giorno, essi si avvicinano sempre più a Betlemme.

"Sei stanca?"
Chiede Giuseppe di tanto in tanto mentre si avvicinano all'ultima fase del loro viaggio.

"No, non lo sono" Ella risponde ogni volta. E altrettanto spesso Ella aggiunge "Tu devi essere stanco di camminare"

"Oh! Io! Non è niente per me... se avessi trovato un altro asino, Tu saresti stata più comoda e avremmo viaggiato più

velocemente.. ma coraggio... saremo presto a Betlemme.
Efrata è al di là di quella montagna."

Continuano a viaggiare in silenzio. Maria sembra
concentrarsi in preghiera. Di tanto in tanto, Ella sorride
dolcemente ai suoi pensieri. Guarda la folla, senza vedere.

Il vento si alza.

"Hai freddo?" Chiede Giuseppe.

"No, grazie."

Giuseppe le tocca i piedi, che calzano dei sandali e sono
nascosti sotto il suo lungo vestito. Egli scuote la testa, poi si
toglie il mantello dalle spalle e lo distende sulle Sue gambe,
avvolgendole le braccia e i piedi.

Continuano a viaggiare e incontrano un pastore che raduna la
sua mandria dal pascolo sul lato destro della strada a sinistra.
Giuseppe si ferma e, piegandosi, sussurra qualcosa al pastore
che annuisce. Poi Giuseppe conduce l'asino nel pascolo
dietro al pastore.

Il pastore munge in una scodella una grossa pecora dalle
mammelle rigonfie e porge la scodella a Giuseppe, che la
offre a Maria. "Che Dio vi benedica entrambi!" Esclama
Maria "te per il tuo amore e te per la tua gentilezza.
Pregherò per voi."

"Venite da lontano?" chiede il pastore.
"Da Nazaret" risponde Giuseppe.
"E dove state andando?" chiede ancora il pastore.
"A Betlemme."
"Un lungo viaggio per una donna nelle Sue condizioni. E' tua moglie?"
"Sì"
"Avete un posto dove andare a stare?"
"No."
"Male! Betlemme è affollata di gente arrivata da ogni luogo per registrarsi là, o sono in cammino per registrarsi da qualche altra parte. Non so dove troverete alloggio. Avete familiarità con il luogo?" Chiede il pastore.

"Non molto."

"Bene... Vi spiego io... per Lei..." aggiunge, indicando Maria. "Trovate l'albergo, anche se sarà pieno. Ma ve lo dico lo stesso, per guidarvi. Si trova nella piazza più grande e questa strada vi condurrà ad essa. E' un edificio lungo e basso con una porta molto grande. Ma sarà pieno..." egli ripete. "... se non trovate posto nell'albergo o in nessuna nelle case, andate alle spalle dell'albergo, verso la campagna. Ci sono alcune stalle sulle montagne che i mercanti spesso adoperano per gli animali; sono umide e fredde e non ci sono porte. Ma sono un rifugio perché tua moglie... Ella non po' rimanere per strada. Potete trovare rifugio lì... E della paglia su cui dormire e per il vostro asino. Che Dio vi guardi"

"E che Dio ti porti gioia" dice Maria.
"La pace sia con te" dice Giuseppe.

Essi riprendono a viaggiare e si inerpicano fino alla cima della collina da cui scorgono una valle più ampia con i versanti circostanti pieni di case. Betlemme.

Sono le quattro del quinto giorno del loro viaggio, un sabato, quando arrivano a Betlemme. Poiché è il solstizio d'inverno, il sole sta già iniziando a tramontare.

"Eccoci nella terra di Davide, Maria. Ora potrai riposarti. Sembri così stanca..."

"No. Stavo pensando... Penso..." Maria prende la mano di Giuseppe e dice con un sorriso beato "Penso proprio che sia ora."

"Oh Dio della Misericordia! Cosa facciamo?"
"Non aver paura Giuseppe. Stai calmo. Vedi come sono tranquilla io?"
"Ma tu devi soffrire parecchio."
"Oh! No. Io sono piena di gioia. Una gioia così grande, così bella e così incontenibile che il mio cuore batte sempre più forte e mi sussurra: 'Sta arrivando! Sta arrivando!' Ad ogni battito. E' il mio Bambino che bussa al mio cuore e dice 'Madre, Io sono qui e sto arrivando a portarti il bacio di Dio'. Oh! Che gioia, mio caro Giuseppe!"

Ma Giuseppe non prova gioia... egli pensa all'urgente bisogno di trovare rifugio e affretta il passo. Egli si reca di porta in porta chiedendo alloggio ma sono tutti pieni. Bussano alle porte di vecchi amici, amici di amici, tutti i loro parenti e perfetti sconosciuti ma ovunque vadano, non c'è posto. Da alcuni, ricevono parole dure. Altri gli chiudono semplicemente la porta in faccia. E per tutto il tempo, Maria, in procinto di partorire e circondata da uno squadrone di diecimila angeli e messaggeri, segue Giuseppe mentre si recano di casa in casa e bussano di porta in porta. Durante la loro ricerca, essi passano dal pubblico registro dove scrivono i propri nomi e pagano le loro tasse.

Raggiungono l'albergo ma lo trovano così pieno che anche i portici esterni sono pieni di accampamenti.

Giuseppe lascia Maria sull'asino nel cortile e va a cercare alloggio nelle altre case, ma torna indietro demoralizzato. Il crepuscolo invernale sta cominciando a diffondere le sue ombre.

Giuseppe implora il gestore dell'albergo.
Implora alcuni viaggiatori.

Egli sottolinea che sono tutti uomini in salute. Che c'è una donna in procinto di partorire.

Egli chiede loro pietà.
Nulla.

Sono le nove quando Giuseppe ritorna, profondamente addolorato, da Maria. Dopo tutto, hanno chiesto carità in cinquanta posti diversi e sono stati rifiutati e respinti da tutti. Un ricco Fariseo li guarda con disprezzo e quando Maria si avvicina, egli si scansa evitandola come se fosse una lebbrosa. Giuseppe guarda il Fariseo e diventa rosso dal disdegno. Maria posa la Sua mano sul suo polso "Non insistere" Ella dice con calma "Andiamo. Dio provvederà."

Gli angeli sono stupiti della malvagità degli uomini ed ancora più pieni di ammirazione per la pazienza e la mansuetudine della tenera, umile Vergine esposta, nel Suo stato e alla Sua età, allo sguardo della gente. E' da questo momento in poi che Dio inizia ad onorare la povertà e l'umiltà tra gli uomini.

Essi escono dalle mura dell'albergo e vi girano intorno, in una strada stretta tra l'albergo e alcune case povere, poi girano ancora alle spalle dell'albergo dove cercano le stalle. Trovano alcune grotte basse e umide, che sembrano piuttosto delle celle, ma le migliori sono tutte occupate.

"Ehi! Galileo!" Urla un anziano uomo "laggiù in fondo, sotto quelle rovine, c'è una tana. Dev'essere ancora libera."

Essi si affrettano verso la tana, che si trova al di fuori delle mura della città, e trovano una cavità, tra le rovine di un vecchio edificio, che porta in uno scavo nella montagna; è

nelle fondamenta del vecchio edificio. Il tetto è fatto di macerie tenute insieme da grezzi tronchi d'albero ed è quasi completamente buio.
Giuseppe tira fuori stoppaccio e pietra focaia e accende una lampada presa dalla sua sacca.
Mentre entra nella cavità viene salutato dal muggito di un bue.
"Entra, Maria" dice Giuseppe sorridendo. "C'è solo un bue... E' meglio di niente!"
Maria scende dall'asino ed entra. Giuseppe appende la lampada a un chiodo su uno dei tronchi di sostegno. Ci sono ragnatele ovunque. Il suolo, pestato e diroccato, è disseminato di rifiuti, buche, escrementi e paglia. Dal retro un bue, con del fieno penzolante dalla bocca, gira la testa e guarda bonariamente con grandi occhi tranquilli.
C'è un rozzo sgabello con due grosse pietre in un angolo accanto alla cavità, annerito dalla realtà.

Maria ha freddo. Si avvicina al bue e posa le Sue mani sul suo collo. Il bue sembra capire e muggisce, ma non si muove.
Il bue mangia fieno dal piano più basso di una mangiatoia a due piani. E quando Giuseppe spinge gentilmente da un lato il bue, per prendere del fieno dal piano superiore per preparare un letto per Maria, il bue rimane calmo e tranquillo.
Poi il bue fa spazio per l'asinello che, stanco ed affamato com'è, si mette subito a mangiare. Giuseppe trova un secchio malconcio capovolto e lo usa per prendere dell'acqua

per l'asino da un ruscello fuori.
Poi trova una manciata di ramoscelli in un angolo e li usa per spazzare il pavimento. Poi sparge la paglia per formare un letto accanto al bue, nell'angolo riparato e asciutto. Poi si accorge che la paglia è umida, così sospira, accende un fuoco e, con la pazienza di Giobbe, asciuga la paglia, una manciata per volta, tenendola accanto al fuoco.

Maria, stanca, è seduta sullo sgabello. Osserva e sorride.

Quando la paglia è asciutta Ella si avvicina ad essa e si siede più comodamente sulla soffice paglia, con il dorso contro uno dei tronchi di sostegno. Giuseppe appende il suo mantello per formare una tenda sull'apertura che fa da porta. Poi egli offre del pane e formaggio a Maria e dell'acqua da una fiaschetta.

"Dormi ora" dice "io mi siederò a guardare il fuoco... c'è della legna per fortuna. Speriamo che bruci e duri così possiamo conservare l'olio per la lampada."

Maria si distende ubbidiente e Giuseppe la copre con il Suo mantello e la coperta.

"E tu... tu avrai freddo."

"No, Maria. Io starò accanto al fuoco. Cerca di riposare ora. Le cose andranno meglio domani."

Maria chiude gli occhi.
Giuseppe si siede sullo sgabello accanto al fuoco con alcuni rametti - piuttosto pochi - accanto a sé.

Maria dorme sul lato destro di spalle alla porta, per metà nascosta dal tronco d'albero e dal bue, che ora giace sul suo strame.

Giuseppe è accanto alla porta, sul lato sinistro, di fronte la fuoco, con le spalle rivolte verso Maria.

Ogni tanto, egli si gira per controllarla e la vede distesa tranquillamente, forse addormentata.

Egli spezza i rami senza far rumore, uno alla volta, e li getta sul fuoco per farli durare e per fare luce e calore. La lampada ora è spenta e c'è solo la luce fioca del fuoco, che diventa alternativamente più accesa e più debole. Nella penombra si riesce a vedere solo il candore del bue e delle mani e del volto di Giuseppe.

# La Nascita di Gesù

Maria si sveglia e controlla dove è seduto Giuseppe sullo sgabello accanto al fuoco che si sta estinguendo, con la testa chinata sul torace, appisolato. Ella gli sorride, si siede e poi si inginocchia e comincia a pregare con le braccia distese quasi a formare una croce, ma leggermente in avanti, con i palmi sollevati, il volto in estasi. Resta in tale posizione per un po', poi si inginocchia con il volto sul fieno, in una preghiera ancora più ardente.

Giuseppe si sveglia e getta una manciata di cespi molto sottili nel fuoco, ravvivando le fiamme a cui aggiunge alcuni ramoscelli e legnetti. E' una notte molto fredda di metà inverno ed è quasi mezzanotte, ancora più fredda per il gelo che penetra dalle rovine abbandonate fuori dalla grotta. Accanto alla porta dove è seduto, Giuseppe deve sorbirne il peggio e si riscalda prima le mani sul fuoco, poi si toglie i sandali e si riscalda i piedi.
Poi guarda l'angolo di Maria, ma non riesce a vedere nulla, nemmeno il Suo bianco velo sul fieno. Egli si alza e si sposta verso il giaciglio.

"Non stai dormendo Maria" chiede, ma Maria non lo sente. Egli chiede una seconda e poi una terza volta prima che Ella si volti e risponda "Sto pregando."

"Hai bisogno di qualcosa?"
"No, Giuseppe."
"Cerca di dormire un po'. Almeno, cerca di riposare."
"Ci proverò. Ma non mi stanco di pregare."
"Che Dio sia con Te, Maria."
"E con te, Giuseppe."

Maria s'inginocchia di nuovo come prima e Giuseppe si avvicina in ginocchia al fuoco e prega con le mani sul volto. Ogni tanto, le sposta per alimentare il fuoco poi riprende la sua ardente preghiera. La grotta è ora silenziosa, tranne che per il crepitio del fuoco e lo sporadico battere degli zoccoli dell'asino. Giuseppe, ancora inginocchiato accanto al fuoco con le mani sul volto, rimane incantato e va in estasi.

Un sottile raggio d'argento ultraterreno si insinua attraverso una fessura nel soffitto, allungando la sua lama come la luna che sorge nel cielo. Quando esso raggiunge Maria, forma un'aureola di pura luce sulla Sua testa. Sono le undici del sabato pomeriggio.

Maria sente una chiamata ad alta voce dal Supremo, alza la testa e poi si inginocchia di nuovo. Poi solleva il capo e il Suo volto splende nel candido chiaro di luna, divenendo trasfigurato, con un sorriso sul volto; è in estasi. Nella Sua estasi, Ella viene informata che il momento della Nascita è arrivato e tutta la conoscenza della Divinità e dell'umanità di Suo Figlio, che Ella ha già ricevuto prima e durante i nove mesi della Sua gravidanza, è rinnovata. Ella poi riceve nuova conoscenza del modo in cui la Nascita avverrà e nuova luce e grazia su come porsi adeguatamente al servizio e alla venerazione di Suo Figlio; l'Onnipotente Le ordina di trattarlo come Figlio del Padre Eterno e allo stesso tempo come Figlio del Suo grembo.

E la luce attorno a Lei diventa sempre più splendente man mano che gli angeli si rendono visibili nella loro bianca luce perlacea, preparandosi alla nascita del Figlio di Dio. Ma una parte della luce arriva dal Paradiso stesso, forse dal Trono di Sua Maestà Stessa, davanti al quale Ella si inginocchia in estasi, ed anche dagli angeli messaggeri.
Ma la luce più splendente di tutte sembra arrivare dall'interno di Lei.
Il suo abito blu scuro, inondato di splendente luce bianca, sembra ora il celeste pallido dei nontiscordardime.
Le sue mani e il volto sono celeste pallido come sotto il bagliore di un enorme zaffiro blu.
E poi la chiara sfumatura blu si diffonde sulle cose attorno a

Lei, ricoprendole, purificandole e illuminando tutto come se il paradiso stesso fosse disceso nella piccola grotta.

Ella è in estasi da un'ora e nel momento in cui Ella se ne ridesta, percepisce e vede che Suo Figlio ha cominciato a muoversi e a liberarsi dal suo grembo, ma non ci sono contrazioni e non sente dolore, solo gioia benedetta e letizia che le solleva l'animo ad altezze che superano qualunque estasi che Ella abbia provato fino ad ora, in modo che Ella non sembri più umana ma completamente spirituale.

La luce dal corpo di Maria diventa più luminosa, assorbendo il chiaro di luna e la luce che discende dal paradiso in modo che Maria diventa la Depositaria di tutta la luce. E' la Luce che Ella sta per donare al mondo; la benedetta, incontenibile, incommensurabile, eterna Luce divina. Prima, sorge una stella mattutina. Poi un coro di punti di luce si solleva come una marea, e ancora di più come incenso. E poi essi discendono come un grande ruscello e poi si distendono come un velo...

La volta della grotta che era piena di buchi e ragnatele, di macerie sporgenti in equilibrio precario, buia, fumosa e piena di sterco ora assume le sembianze di una sala regale; ogni macigno è ora un blocco di argento, ogni fessura un bagliore opalino, ogni ragnatela una preziosa tela intessuta di argento e diamanti. Un'enorme lucertola verde, in letargo tra due sassi, sembra ora un gioiello di smeraldo dimenticato lì da una

regina. Un gruppo di pipistrelli in letargo sono ora un prezioso lampadario di onice. Il fieno dalla mangiatoia superiore, ora puri fili d'argento che tremolano nell'aria con la grazia di capelli sciolti.
Il legno scuro della mangiatoia inferiore è ora un blocco di argento lucidato. I muri sono rivestiti di un broccato in cui la seta bianca scompare sotto il ricamo perlaceo del rilievo e la terra sul suolo è un cristallo illuminato da una luce bianca, le sporgenze come rose lanciate in omaggio, le buche, preziose tazze riempite di profumi e fragranze che si sollevano e riempiono la sala.

E la luce splende ancora più luminosa. Ora è così splendente da essere accecante e Maria scompare in così tanta luce come se fosse assorbita da una tenda incandescente...

All'interno di questa tenda di luce, gli arcangeli Michele e Gabriele fanno un passo avanti e, restando a una rispettosa distanza dal punto in cui Maria è ancora inginocchiata, assistono alla Nascita di Cristo; l'Incarnazione del Verbo penetra le pareti del grembo per potere divino, lasciando l'integrità verginale intatta, allo scoccare della mezzanotte che introduce la domenica mattina, come bianca luce incandescente, interamente trasfigurato come lo sarà molti anni più tardi sul monte Tabor. Oggi, la sua trasfigurazione è per Maria, in modo che Ella possa vedere Suo Figlio, il Dio fatto uomo, nella Sua gloria in modo che Ella possa comprendere la venerazione a Lui dovuta, Colui che Ella dovrà trattare come un Figlio e anche come ricompensa per il

Suo amore e la Sua lealtà; per i Suoi occhi più puri e casti, che Ella ha distolto da tutte le cose terrene per amore del Suo più Sacro Figlio. Egli è ricevuto con riverenza nelle braccia dei due angelici principi che attendono, da cui la Madre e il Figlio si guardano per la prima volta e in questo primo sguardo, Maria avviluppa d'amore il cuore di Suo Figlio.

Poi, dalle braccia degli angeli e ancora trasfigurato, il Bambino Gesù parla a Sua madre:

**"Madre, affidati a Me, perché in questo giorno, in cambio dell'esistenza umana che tu mi hai oggi donato, Io ti donerò un'altra esistenza più elevata nella grazia, che assorbirà la Tua esistenza come mera creatura alla Mia sembianza, che sono Dio e Uomo."**

E la Madre di Dio risponde **"Trahe me post Te, curremus in odorem unguentorum tuorum."** ("Sollevami in alto, Signore, e io correrò dietro di te nell'odore di questi unguenti").

E poi Maria percepisce la presenza della Santa Trinità nella grotta e sente la Voce del Padre Eterno che dice **"Questo è il mio Figlio adorato, di cui io sono enormemente soddisfatto e felice"**, come dirà di nuovo al Suo battesimo sul Monte Tabor.

Poi Maria fa questa richiesta:

*'Padre Eterno e Dio eccelso, Signore e Creatore dell'universo, rinnovami il Tuo permesso e la Tua*

*benedizione per ricevere nelle mie braccia il desiderato dalle nazioni e insegnami ad adempiere, come Tua indegna Madre e umile schiava, la Tua sacra volontà.'*

E il Padre Eterno risponde:

**"Ricevi il tuo Figlio Unigenito, imitalo e allevalo. E ricorda che dovrai sacrificarlo quando te lo chiederò"**

*'Osserva la creatura delle Tue mani; adornami della Tua grazia in modo che Tuo Figlio e mio Dio possa ricevermi come sua servitrice. E se Tu mi verrai in aiuto con la Tua Onnipotenza, io sarò fedelmente al Suo servizio; e non ritenere presuntuoso da parte della Tua insignificante creatura che ella tenga tra le braccia e allatti al suo seno, il suo Signore e Creatore.'*

Dopo questo scambio, il Bambino divino interrompe la sua trasfigurazione, fermando e confinando gli effetti della sua gloria alla Sua sola anima, ed ora assume le sembianze di uno in grado di soffrire. In questa forma, Maria, ancora in ginocchio, lo adora e lo riceve nelle Sue braccia dalle braccia degli angeli.

"Mio più dolce Amore, Luce dei Miei occhi ed Creatura della mia anima" dice Maria a Suo Figlio "Tu arrivi in tempo in questo mondo come il Sole della giustizia, per disperdere il buio del peccato e della morte!" Unico Vero Dio, salva i Tuoi schiavi e lascia che tutti coloro che cercano salvezza vengano a Te. Ricevimi come Tua servitrice, colma le mie lacune in modo che io possa servirti come devo. Rendimi, Figlio mio, come Tu desideri che io sia al tuo servizio."

Poi Maria offre Suo Figlio al Padre Eterno dicendo "Eccelso Creatore di tutto l'universo, ecco l'altare e il sacrificio accettabile ai Tuoi occhi, Da questo momento in poi, O Signore, guarda con misericordia al genere umano e, per quanto abbiamo meritato la Tua rabbia, è ora tempo che Tu sia placato tramite il Tuo e il mio figlio. Lascia che la Tua giustizia ora resti e la Tua grazia sia esaltata; perché per questa ragione il Verbo si è rivestito di carne umana e diventa un Fratello dei mortali e dei peccatori. A questo titolo, io li riconosco come fratelli e intercedo per loro dal più profondo della mia anima. Tu, signore, mia hai reso la Madre del Tuo Figlio Unigenito senza il mio merito, perché questa dignità è al di sopra di tutti i meriti di una creatura; ma io in parte devo agli uomini l'occasione di questa incomparabile buona fortuna poiché è per loro conto che io sono la Madre del Verbo fatto Uomo e Redentore di tutti loro. Io non negherò a loro il mio amore, né diminuirò le mie cure e la mia attenzione per la loro salvezza. Ricevi, Dio Eterno, i miei desideri e le mie richieste per ciò che è per la Tua gioia e benevolenza"

Poi la Madre di Dio benedice tutti gli uomini dicendo "Che voi afflitti siate consolati, che vi rallegriate voi dai cuori spezzati, che vi risolleviate voi caduti, che riposiate voi stremati. Che i giusti siano felici e i santi allietati. Che gli angeli siano lieti e che i profeti e i patriarchi del limbo traggano nuova speranza e che tutte le generazioni lodino ed esaltino il Signore, che rinnova il suo prodigio. Venite voi poveri,... voi piccoli, senza paura, perché nelle mie braccia io custodisco il Leone fatto agnello, l'Onnipotente reso debole, l'invincibile sottomesso. Venite a prendere vita, affrettatevi a ottenere salvezza, avvicinatevi a ricevere pace eterna, perché Io ho tutto questo per tutti e vi sarà dato liberamente e senza invidia. Non siate lenti e pesanti di cuore, voi figli degli uomini; e Tu, O più dolce gioia della mia anima, dammi il permesso di ricevere da Te quel bacio desiderato da tutte le creature."

...quando la luce ridiventa sopportabile, Maria tiene il suo Figlio appena nato tra le Sue braccia. Un piccolo Bambino purpureo e rosato. Agitando le manine come boccioli di rose e scalciando con piedini che potrebbero entrare nella cavità del cuore di una rosa. Il bambino piange con una sottile voce tremula proprio come un agnellino appena nato, aprendo la sua graziosa boccuccia come una fragola selvatica e mostrando una piccola lingua che vibra contro il suo palato roseo. Ed egli muove la sua testolina rotonda nell'incavo della mano della sua mamma, ed è così bionda da sembrare senza capelli. Maria guarda il Suo Bambino e lo adora, piangendo e sorridendo allo stesso tempo.

Poi si piega in avanti per baciarlo al centro del suo torace dove, sotto, il Suo cuoricino batte per l'umanità che è venuto a salvare... e dove, un giorno, sarà trafitto. E sembra, con il Suo bacio immacolato, che Ella curi la ferita con molto anticipo.

E poiché la Santa Trinità stessa ha assistito alla Nascita, il paradiso è svuotato dei suoi angeli ed essi ora si fanno avanti ad adorare il loro creatore nella sua veste di pellegrino. E interminatamente, essi cantano *"Gloria in excelsis Deo, et in terra pax hominibus bonae voluntatis"* nella più dolce armonia.

Il bue, svegliato dalla luce abbagliante, ora si alza con un gran fragore di zoccoli e muggiti, l'asino volta la sua testa e raglia, riconoscendo e adorando il Figlio di Dio, portato via e non riconosciuto dagli uomini.

Giuseppe è caduto in estasi ed ora ne viene fuori e vede una strana luce che filtra tra le sue dita, che egli teneva sul suo volto. Si toglie le mani dalla faccia, si alza e si gira ma Maria è nascosta dietro il bue, che sta in piedi a riscaldare il Bambino, ma Maria lo chiama "vieni, Giuseppe".

Giuseppe corre da Lei ma quando vede, si ferma, colpito dalla riverenza e sta per cadere in ginocchio nel punto in cui si trova, ma Maria insiste "vieni Giuseppe". Lo chiama ancora poggiandosi sul fieno con la mano sinistra e tenendo il Bambino accanto al Suo cuore con la mano destra... Poi si alza e va verso Giuseppe, che cammina, fermandosi, verso di loro, combattuto tra il desiderio di vederlo e il desiderio di venerarlo.

Si incontrano ai piedi del giaciglio di paglia e si guardano, piangendo e sorridendo beatamente.

"Vieni, offriamo Gesù al Padre" dice Maria. Giuseppe si inginocchia mentre Maria sta in piedi tra due dei tronchi di sostegno. Ella solleva Gesù con le sue braccia e dice "Eccomi, a nome di Lui O Dio, io Ti dico queste parole: eccomi qui per fare la Tua volontà. Ed io, Maria, e il Mio sposo, Giuseppe, con Lui. Ecco i Tuoi servitori, O Signore. Che noi possiamo sempre adempiere alla Tua volontà in ogni momento, in ogni evento, per la Tua gloria e il Tuo amore."

Poi Maria si piega "ecco Giuseppe, prendilo" dice offrendogli il Bambino.
"Cosa! Io? ...Io? ......Oh, no! Non sono degno!" Giuseppe è completamente esterrefatto all'idea di toccare Dio.
"Tu sei degno" insiste Maria "Nessuno è più degno di te. E' per questo che il Supremo ha scelto te. Prendilo, Giuseppe, e tienilo mentre io cerco la biancheria."

Giuseppe, diventando viola, distende le braccia e riceve il Bambino, che piange per il freddo. Quando Giuseppe riceve il Bambino nelle sue braccia, non insiste più nella sua intenzione di tenere il Bambino lontano da sé senza rispetto, ma lo stringe al suo cuore e scoppia in lacrime esclamando "Oh! Signore! Mio Dio!" e si piega a baciare i suoi piedini... e si accorge che sono freddi.

Si siede per terra tenendolo accanto al suo torace poi usa le sue mani e la sua tunica marrone per coprire e riscaldare il Bambino e difenderlo dal freddo pungente e dal vento della fonda notte di metà inverno. Egli pensa di spostarsi più vicino al fuoco ma c'è uno spiffero di aria fredda che entra dalla porta. Così va tra il bue e l'asino per protezione e calore, dando le spalle alla porta, piegandosi sul Bambino per formare con il suo corpo un rifugio, chiuso su tre lati; da un lato, l'asino con la sua testa grigia e le orecchie lunghe, dall'altro il bue con la sua grande bocca bianca, il suo naso che emana vapore e suoi occhi gentili.

Maria porta la biancheria e le fasce, che ha preso dal Suo baule e riscaldato accanto al fuoco, e fascia il bambino nella biancheria calda e poi usa il Suo velo per proteggere la Sua testolina.
"Dove lo mettiamo ora" chiede.
Giuseppe guarda intorno, pensando ...... "Aspetta..." dice, "...spostiamo gli animali e il loro fieno laggiù, Poi prendiamo la paglia lì sopra e la disponiamo qui. Il legno a lato lo riparerà dall'aria, il fieno fungerà da cuscino e il bue lo riscalderà un po' con il suo fiato. Il bue, perché è più paziente e più tranquillo dell'asino" e si mette a sistemare la grotta,

Maria culla il Bambino, tenendolo vicino al Suo cuore e posando la guancia sulla Sua testolina per riscaldarla.

Giuseppe prepara il fuoco, questa volta senza fare economia e asciuga la paglia nel fuoco, una manciata per volta, tenendo la paglia asciutta accanto al torace per tenerla calda. Quando ne ha ottenuto a sufficienza per un materasso, va accanto alla mangiatoia e la sistema come una culla. "E' pronta" dice "ora

avremo bisogno di una coperta perché la paglia punge e anche per coprirlo."
"Prendi il mio mantello" dice Maria "Avrai freddo"
"Oh! Non importa! La coperta è troppo ruvida. Il mantello è morbido e caldo. Non ho freddo per niente. Non facciamolo soffrire più!"

Giuseppe prende il soffice mantello di lana blu scuro, lo piega in due e lo distende sulla paglia, lasciando un lembo penzolante fuori dalla mangiatoia.
Ora un primo letto è pronto per il nostro Redentore. Maria, con il suo dolce e aggraziato passo, si avvicina alla mangiatoia, lo distende in essa e lo copre con il lembo penzolante. Lo sistema attorno alla sua testolina, protetta dalla paglia solo dal Suo velo sottile. Solo la sua faccina, delle dimensioni del pugno di un uomo, rimane scoperta.
Maria e Giuseppe si piegano sulla mangiatoia, beatamente felici, e lo guardano dormire per la prima volta, ora tranquillizzato dal calore dei vestiti e della paglia.

# L'Adorazione dei Pastori

Quando gli angeli sono arrivati tutti davanti a Lui e hanno adorato il Neonato Salvatore, alcuni di loro sono immediatamente partiti per portare la lieta notizia in vari luoghi; l'arcangelo Michele porta un messaggio speciale da Maria ai suoi parenti, Anna e Gioacchino nel Limbo dove, insieme ai patriarchi, i profeti, i santi e i giusti, essi attendono la Redenzione che aprirà loro le porte del Paradiso, Per Anna e Gioacchino, l'arcangelo Michele si congratula con loro perché la loro Figlia ora ha generato Colui che essi hanno atteso per tanto tempo, e per i profeti e i patriarchi, egli gli porta la buona notizia dell'adempimento di ciò che ad essi era stato predetto molto tempo prima e che avevano atteso nel loro lungo esilio. C'è tanta allegria e tanti canti in riconoscimento e in lode a Dio fatto Uomo.

Un altro angelo va da Elisabetta e da suo figlio e benché abbia solo sei mesi, egli era stato già santificato quando il Signore, ancora nel grembo di Sua Madre, era andato a trovarli. Essi si inchinano in adorazione del Neonato Re e inviano una risposta tramite l'angelo chiedendo che Maria adori Suo Figlio per loro.

Un altro angelo viene inviato in vari angoli della Terra per portare la notizia a coloro che Dio ha piacere di informare; in Asia meridionale - le odierne Turchia, Afghanistan e Persia - nelle montagne della Mongolia e nella ragione da cui sgorgano le acque del Nilo.

Tornando a Betlemme, è una notte tranquilla e la luna al suo apice, naviga agevolmente attraverso un cielo blu scuro fitto di stelle, come punteggiato di diamanti. Fasci di luce discendono dalla grande e bianca facciata della luna sulla selvaggia campagna sottostante, rendendo la terra bianca e gli alberi aridi più alti e più scuri in contrasto a uno sfondo così chiaro. E la basse mura che si ergono qua e là lungo i confini sembrano bianche come latte, una piccola casa da lontano sembra un blocco di marmo di Carrara. All'interno di un recinto a quattro lati sulla destra, fatto per metà dalla siepe di un arbusto spinoso e per metà da un basso solido muro, si trova un capanno basso e ampio, in parte in muratura, in parte in legno smontabile; forse trasformabile in veranda per i mesi estivi.

Dall'interno del capanno si riescono a sentire dei brevi belati intermittenti di piccole pecore che sognano o sentono l'avvicinarsi dell'alba a causa dello splendente chiaro di luna. Il chiaro di luna diventa più forte, come se la luna si stesse muovendo più vicino alla Terra o fosse forse illuminata da un fuoco misterioso.

Dalla porta della capanna, un pastore guarda fuori e in alto, riparandosi gli occhi con le mani dalla luce accecante della luna, inverosimilmente luminosa, che sembra ancora più luminosa perché è appena emersa dal buio. Sorpreso dalla luminosità del chiaro di luna, il pastore chiama i suoi compagni; un gruppo di uomini irsuti di svariate età; alcuni con i capelli grigi, altri adolescenti o ancora più giovani. Essi si affollano sull'uscio e commentano la stranezza della luna. Il dodicenne Levi inizia a piangere e gli altri pastori lo scherniscono.

"Di cosa hai paura, pazzo?" dice Elia, il più vecchio. "Non vedi che l'aria è molto tranquilla? Non avevi mai visto un chiaro di luna prima d'ora? Sei stato legato ai lacci del grembiule di tua madre, vero? Ma ci sono tante cose che devi vedere... una volta, sono andato fino alle montagne del Libano... e ancora più lontano. Su in alto. Ero giovane e camminare faceva bene... e ritornavo arricchito, poi...una notte, vidi una luce così luminosa, che pensavo che Elia fosse tornato indietro sul suo carro di fuoco. E un vecchio - era il vecchio che tornava indietro allora - mi disse "una grade avventura sta per avvenire nel mondo". Si rivelò una grande disavventura perché arrivarono i soldati romani. Oh! Vedrai tante cose... se vivrai abbastanza a lungo."

Ma Levi non lo sta più ascoltando... e non ha più paura. Dal suo nascondiglio dietro le spalle di un pastore muscoloso, Levi lascia la soglia e va fuori sul promontorio erboso di fronte alla capanna, guardando in alto e camminando come ipnotizzato. Poi urla "Oh!" e si ferma, raggelato, con le braccia leggermente distese. I suoi compagni si guardano, senza parole. "Che è successo al pazzo" lo prende in giro uno.

"Lo rimanderò da sua madre domani. Non voglio che della gente pazza badi alle pecore" dice un altro.

"Andiamo a vedere prima di giudicarlo" dice Elia. "Sveglia gli altri e portate i bastoni. Potrebbe essere un animale selvatico o un ladro..."

Radunano gli altri pastori e raggiungono Levi, con torce e bastoni.

"Là, là..." sussurra Levi, sorridendo. "...sull'albero... guardate la luce che arriva. Sembra che scenda su un raggio della luna. Eccola lì, che viene più vicino. Com'è bella!"

"Io vedo solo una luce piuttosto luminosa."

"Anch'io"

"Anch'io" dicono gli altri.

"No. Io vedo qualcosa che sembra un corpo" dice Elia.

"E'... è un angelo" urla Levi. "Eccolo. Sta scendendo... si sta avvicinando... Giù! Inginocchiatevi davanti all'angelo di Dio!"

"OOOOh!" urlano i pastori in venerazione e cadono faccia a

terra, i più vecchi più colpiti dalla scintillante apparizione. I giovani rimangono inginocchiati, guardando l'angelo che si avvicina e poi si ferma a mezz'aria, sospeso al di sopra del muro del recinto; un bagliore perlaceo, nel bianco chiaro di luna, che sbatte le sue grandi ali.

"Non abbiate paura! Vi porto una buona notizia. Vi annuncio una grande gioia per il popolo di Israele e per il mondo intero' dice l'angelo in una voce simile all'armonia di un'arpa e al canto degli usignoli... "Oggi, nella Città di Davide, è nato il Salvatore..." dice l'angelo, aprendo gioiosamente le sue ali sempre più, mentre lampi dorati e pietre preziose sgorgano da esse in un arcobaleno trionfale al di sopra della capanna.
"...il Salvatore, Che è Cristo" dice l'angelo splendendo più luminosamente, con le ali ora ferme che puntano in alto

come due vele in fiamme che si sollevano verso il Paradiso. "...Cristo, il Signore!" conclude l'angelo ripiegando le ali luminose sul suo corpo, avvolgendosi in esse come in un soprabito di diamanti su un abito di perle. E si inchina in adorazione, con le braccia incrociate sul petto, la testa piegata, che scompare all'ombra della punta delle sue ali piegate e rimane immobile, una luminosa figura allungata, per qualche istante.

Poi si muove, spalanca di nuovo le ali, alza la testa e con un brillante sorriso paradisiaco dice "Lo troverete in una povera stalla, dietro Betlemme; un bambino in fasce, in una mangiatoia per animali..." e l'angelo diventa serio "perché non è stato trovato un tetto per il Messia nella Città di Davide" conclude con tristezza.

E poi appare una scala di angeli, che scendono dal paradiso, allegri. E il loro splendore paradisiaco offusca il chiaro di luna. Si riuniscono attorno all'angelo annunciatore, sbattendo le ali, esalando profumi, suonando note musicali che elevano le più belle voci del creato ad una perfezione uniforme, per dare all'uomo un assaggio della bellezza di Dio, del Paradiso...

E lo splendore degli angeli si diffonde nella quieta campagna allargandosi a cerchio, sempre più. E gli uccelli, nella prima luce, si uniscono al canto. E le pecore aggiungono i loro belati al primo sole. E come il bue e l'asino, tutti gli animali adorano e accolgono il loro creatore venuto in mezzo a loro come Dio e Uomo.

Il canto e la luce si affievoliscono pian piano e gli angeli ascendono al Paradiso...

I pastori tornano in sé stessi.
"Avete sentito?"
"Andiamo a vedere?"
"E gli animali?"
"Oh! Non gli succederà niente! Andiamo ad obbedire alla parola di Dio!..."
"Ma dove andiamo?"
"Non ha detto che è nato oggi? E che non hanno trovato alloggi a Betlemme?" Dice Elia "Venite con me, io so dove si trova. Ho visto la donna e mi sono dispiaciuto per Lei. Ho detto loro dove andare per il Suo bene e ho dato all'uomo del latte per Lei. Lei è così giovane e bella... e dev'essere buona e gentile come l'angelo che ha parlato con noi. Venite, andiamo a prendere del latte, formaggio, agnelli e pelli conciate. Devono essere molto poveri... e mi chiedo quanto freddo Egli debba avere, Colui il cui nome non oso pronunciare! E immaginate! Ho parlato alla Madre come avrei parlato ad una povera moglie!..."

Essi tornano indietro alla capanna e ritornano poco dopo con delle fiaschette di latte, reti con dentro piccole forme di formaggio, agnelli belanti in cesti e alcune pelli conciate.

Chiudono il capanno e partono con delle torce al chiaro di

luna su sentieri di campagna tra arbusti spinosi spogliati dall'inverno. Essi prendono una strada posteriore attorno a Betlemme, trovando per prima la sacra famiglia, senza passare dalle altre stalle. Tutti e dodici si avvicinano alla grotta.
"Entrate."

"Non oserei!"
"Entra tu"
"No"
"Almeno dai un'occhiata."
"Tu, Levi, tu hai visto per primo l'angelo, ovviamente perché sei migliore di noi. Guarda dentro"
Levi esita. Poi si decide, si avvicina alla buca, tira un po' il mantello da un lato e guarda dentro... e rimane rapito.
"Cosa vedi?" Sussurrano ansiosamente.
"Vedo una bellissima giovane donna e un uomo piegati su una mangiatoia e sento... Sento un bambino piccolo piangere e la donna gli parla con una voce... oh! Che voce!"
"Cosa dice?"
"Dice 'Gesù, piccolo! Gesù, amore della tua mamma! Non piangere, figlioletto'". Dice: "Oh! Se solo potessi dirti 'prendi del latte, piccolo'. Ma non ne ho ancora". Dice "Hai tanto freddo, Amore mio! E la paglia ti punge! Com'è doloroso per la Tua mamma sentirti piangere così, senza poterti aiutare!" Dice: "Dormi, anima Mia! Perché mi spezza il cuore sentirti piangere e vedere le Tue lacrime!" e lo bacia, e immagino che stia scaldando i Suoi piedini con le Sue mani perché è piegata con le braccia nella mangiatoia."

"Chiamala! Fatti sentire."
"Io non lo faccio. Dovresti chiamarla tu perché tu ci hai portato qui e tu la conosci!"
Elia apre la bocca ma riesce solo a gemere debolmente.
Giuseppe si gira e si avvicina alla porta.
"Chi siete?" chiede
"Pastori... Vi abbiamo portato del cibo e della lana. Siamo venuti a venerare il Salvatore."
"Entrate."

Gli uomini più anziani spingono i più giovani davanti a loro ed entrano tutti, illuminando la stalla con le loro torce. "Venite" dice Maria, voltandosi e sorridendo. "Venite" dice di nuovo ancora sorridendo ed invitandoli con la mano. Ella tira a sé Levi accanto alla mangiatoia ed egli guarda dentro ed è felice. Giuseppe invita anche gli altri, che vengono avanti con i loro doni e li depongono ai piedi di Maria con poche parole. Poi guardano il Bambino che piange un po' e sorridono, commossi e felici.

"Madre, prendi questa lana" dice uno dei pastori più coraggiosi "è soffice e pulita. L'ho preparata per il mio bambino che sta per nascere. Ma la offro a Te. Distendi Tuo Figlio su questa lana. Sarà morbida e calda."

Maria accetta la spessa, bella, soffice e bianca lana di pecora, solleva Gesù e lo avvolge nella lana. Poi Lo mostra ai pastori che, inginocchiandosi, lo guardano estasiati!

Ora, facendosi più coraggio, un altro pastore suggerisce: "Dovrebbe bere un po' di latte. Meglio ancora, dell'acqua e miele. Ma non ho miele. Lo diamo ai bambini piccoli. Ho sette bambini, e so..."

"C'è del latte qui. Prendilo Donna."

"Ma è freddo. Dovrebbe essere caldo. Dov'è Elia? Lui ha la pecora."
Ma la pecora è fuori con Elia che guarda nella grotta, nascosto per il buio.

"Chi vi ha condotto qui?"
"Un angelo ci ha detto di venire ed Elia ci ha mostrato la strada Ma dov'è ora?"
La pecora bela, affermando la sua presenza.
"Entra. Ti cercano."
Elia entra con la pecora e tutti lo guardano mettendolo in imbarazzo.
"Sei tu!" dice Giuseppe, riconoscendolo come il pastore che ha dato loro il latte sulla strada. Maria gli sorride dicendo "Tu sei buono."

Essi mungono la pecora, bagnano l'orlo di un pezzo di stoffa nel caldo latte cremoso e Maria bagna le labbra del Bambino che succhia la dolce crema, facendoli sorridere tutti. E sorridono ancora di più quando Gesù si addormenta nella calda lana con un po' di stoffa ancora tra le Sue labbra.

"Ma voi non potete restare qui. E' freddo e umido. E... c'è un odore così forte di animali. Non va bene... non va bene per il Salvatore."

"Lo so" concorda Maria con un profondo sospiro. "Ma non c'è posto per noi a Betlemme."
"Coraggio donna. Vi troveremo una casa."
"Lo dirò alla mia padrona", dice Elia "Lei è buona. Vi riceverà anche se dovesse darvi la sua stessa camera. Appena si farà giorno, glielo dirò. La sua casa è piena di gente ma troverà posto per Voi."

"Per il Mio Bambino almeno. Giuseppe ed Io possiamo anche dormire sul pavimento. Ma per il Piccolo..."

"Non preoccuparti donna. Ci penseremo noi. E diremo a tanta gente ciò che ci è stato detto. Non vi mancherà niente. Per il momento, prendete ciò che noi poveri pastori possiamo offrirvi..."

"Anche noi siamo poveri... e non possiamo ricompensarvi" dice Giuseppe.

"Oh! Noi non vogliamo! Anche se poteste permettervelo, non lo vorremmo. Il Signore ci ha già ricompensato. Ha promesso pace a tutti. L'angelo ha detto: 'pace agli uomini di buona volontà'. Ma lui ce l'ha già donata perché l'angelo ha detto che questo Bambino è il Salvatore, Che è Cristo, il Signore. Noi siamo poveri e ignoranti ma sappiamo che i profeti dicono che il Salvatore sarà il Principe dalla Pace. E Lui ci ha detto di venire ad adorarlo. Ecco perché ci ha donato la Sua pace. Gloria a Dio nel Paradiso Supremo e gloria al Suo Cristo qui. E Tu sei benedetta, Donna, Che hai dato vita a Lui: Tu sei santa, perché hai meritato di generarlo. Dacci ordini come nostra regina perché noi saremo lieti di servirti. Cosa possiamo fare per Te?"

"Potete amare Mio Figlio e conservare sempre gli stessi pensieri che avete ora."

"Ma per quanto riguarda Te? C'è qualcosa che desideri? Non hai dei parenti che vorresti informare della Sua nascita?"

"Sì, ne ho. Ma sono lontani, a Hebron..."

"Ci andrò" dice Elia "chi sono?"

"Zaccaria, il sacerdote e mia cugina Elisabetta."

"Zaccaria? Oh! Lo conosco bene. Vado su quelle montagne nei mesi estivi perché lì i pascoli sono ricchi e belli e sono amico del suo pastore. Quando saprò che vi siete sistemati, andrò da Zaccaria."

"Grazie Elia."

"Ti prego di non ringraziarmi. E' un grande onore per me, un povero pastore, andare a parlare con il sacerdote e dirgli: 'il

Salvatore è nato'."

"No. Tu devi dirgli 'Tua cugina, Maria di Nazaret, dice che Gesù è nato, e che dovresti venire a Betlemme'"

"Dirò così"

"Che Dio ti ricompensi. Mi ricorderò di te, Elia, e di ognuno di voi."

"Dirai al tuo bambino di noi?"
"Certo, lo farò."

"Io sono Elia."
"Ed io sono Levi."
"Ed io sono Samuele."
"Ed io Giona."
"Ed io Isacco."
"Ed io Tobia."
"Ed io Gionata."
"Ed io Daniele."
"Ed io Simeone."
"Il mio nome è Giovanni."
"Io sono Giuseppe e mio fratello Beniamino. Siamo gemelli."

"Mi ricorderò i vostri nomi."

"Dobbiamo andare... ma ritorneremo... e porteremo altri a venerarlo."

"Come facciamo a tornare all'ovile lasciando il Bambino?"
"Gloria a Dio, che ci ha mostrato Lui."

"Ci lascerai baciare la Sua veste?" chiede Levi con un sorriso angelico.
Maria solleva Gesù gentilmente e si siede con Lui sul fieno. Poi avvolge i suoi piedini con la stoffa e li porge per farli baciare. E i pastori si piegano a terra e baciano i piedini velati dalla stoffa. Quelli con la barba se la puliscono prima e quasi tutti piangono. Giuseppe si piega sulla mangiatoia in adorazione.
Quando è ora di partire, i pastori escono camminando all'indietro, lasciando lì i loro cuori...

## La Circoncisione

Dal momento dell'Annunciazione, Maria ha riflettuto sulle sofferenze in serbo per il Suo dolcissimo Figlio e poiché la Sua conoscenza delle Scritture è profonda, questo dolore, previsto ed atteso, è per Lei un prolungato martirio.

Ma riguardo alla Circoncisione del Suo Bambino, Ella non ha ricevuto illuminazione sulla volontà del Padre Eterno. La prudenza e l'umiltà la trattengono dal chiedere a Dio o agli angeli che li sorvegliano sempre, ma Ella prega per avere illuminazione.

Ella sa che la circoncisione è un rito istituito per purificare il neonato dal peccato originale, sebbene il divino Infante sia completamente libero da tale peccato e il Suo amore materno aneli ad esentarne suo Figlio, se possibile, ma Ella riflette che, poiché Suo Figlio è venuto ad onorare e a confermare la sua legge attraverso l'esempio e a soffrire per l'uomo, egli sarebbe costretto per il Suo ardente amore a sottoporsi alle sofferenze della circoncisione.

Poi Ella consulta Giuseppe sulla questione e concordano che

il tempo previsto per la circoncisione è arrivato e non avendo ricevuto ordini in contrario, è necessario adempiere alla volontà di Dio, manifestata nella legge comune perché sebbene, in quanto Dio, l'Incarnazione del Verbo non sia soggetta alla legge, in quanto Uomo, e in quanto più perfetto Precettore e Redentore, egli vorrebbe uniformarsi agli altri uomini nell'adempimento di tale legge.

Giuseppe chiede a Maria come avrà luogo la circoncisione e Maria esprime il Suo desiderio di non porgere Suo Figlio a nessun altro, ma di tenerlo Lei Stessa tra le Sue braccia. La delicatezza del Bambino lo renderebbe più sensibile al dolore rispetto ad altri bambini e così si procurano delle medicine di sollievo per il Suo dolore, un contenitore di cristallo per la sacra reliquia della circoncisione e Maria prepara della biancheria di lino per assorbire il sacro sangue che sarà versato per la prima volta per la redenzione dell'uomo, in modo che nemmeno una goccia possa essere perduta o cadere al suolo.

Giuseppe informa il sacerdote e gli chiede di venire alla grotta dove, quale adeguato e degno ministro, egli possa, con le sue mani sacerdotali, eseguire il rito.

Poi Maria e Giuseppe prendono consiglio riguardo al nome da dare al divino Infante al momento della Circoncisione. "Mia Signora" dice Giuseppe "Quando l'angelo mi ha informato di questo grande sacramento, mi ha anche detto che il Tuo Sacro Figlio dovrebbe essere chiamato 'Gesù'."

"Questo stesso nome fu rivelato a Me quando Lui si è incarnato nel Mio grembo; e così, ricevendo questo nome dal Supremo per bocca dei Suoi ministri, è giusto che noi ci atteniamo in umile riverenza all'infinita saggezza e che lo chiamiamo 'Gesù'."

Mentre Giuseppe e Maria conversano, innumerevoli angeli in visibile sembianza umana scendono dall'alto nella grotta, vestiti di abiti splendenti, meravigliosamente ricamati di rosso. Essi hanno delle palme in mano e delle corone in testa ed emettono uno splendore più luminoso di tanti soli. Più luminoso di tutti è lo stemma che indossano sul petto, un'incisione del nome "Gesù". Lo splendore di questo stemma offusca quello di tutti gli angeli messi insieme e la varietà e la bellezza di questa incisione è allo stesso tempo rara e ricercata.

Tenendo gli occhi fissi sul Bambino tra le braccia di Sua Madre, gli angeli si dividono in due cori nella grotta, diretti da Michele e Gabriele, brillanti in uno splendore ancora maggiore degli altri, che portano nelle loro mani il nome "GESU'" scritto su tavole brillanti di incomparabile bellezza.

Michele e Gabriele si rivolgono a Maria, con la testimonianza di Giuseppe, dicendo:

"Signora, questo è il nome di tuo Figlio, scritto nella mente di Dio dall'eternità per il Tuo Figlio Unigenito, nostro Signore,

come simbolo della salvezza della razza umana; Egli regnerà trionfante sul trono di Davide; i Suoi nemici saranno il Suo scranno e i Suoi amici Egli eleverà alla gloria della Sua destra. E tutto ciò al costo di tanta sofferenza e sangue...
anche ora Egli ne verserà nel ricevere questo nome... e sarà l'inizio della Sua sofferenza in Obbedienza alla volontà del Suo Padre Eterno...
...Noi siamo tutti arrivati come spiriti officianti, disposti e inviati della Sacra Trinità per attendere l'Unigenito Figlio del Padre e Tuo stesso Figlio.

...Noi Lo accompagneremo e Lo serviremo fino a quando Egli ascenderà trionfante alla Gerusalemme celeste e aprirà le porte del paradiso;... dopo noi godremo di una speciale gloria che andrà oltre quella degli altri benedetti, ai quali non è stato dato questo incarico."


Giuseppe comprende i misteri della Redenzione più della maggior parte degli uomini, ma non li comprende allo stesso livello di Maria.

Il giorno della circoncisione il sacerdote arriva, accompagnato da due ufficiali, alla grotta, dove trova il Bambino nelle braccia di Sua Madre. Il sacerdote è inizialmente stupito dalla rozzezza della dimora, ma Maria li accoglie e parla con una tale modestia e grazia che il loro ritegno si tramuta subito in ammirazione per la Sua compostezza e per la Sua nobile maestà, che lo rende sorpreso dal contrasto con un ambiente così povero. Ed egli è mosso da devozione e tenerezza e procede nel suo compito di circoncidere il Neonato.

Nel momento della Sua circoncisione, il Dio-Bambino offre tre sacrifici d'amore a Suo Padre per conto dell'umanità: Egli assume liberamente la condizione di peccatore, assoggettandosi al rito istituito come rimedio al peccato originale. Egli offre la Sua volontà di soffrire il dolore della circoncisione come un vero e perfetto uomo. Infine, Egli offre il Suo amore per il genere umano, per il quale Egli versa questo sangue ringraziando il Padre Eterno per avergli donato una natura capace di soffrire per la sua gloria.

Il coltello della circoncisione è fatto di silice, e il dolore causato dalla ferita è forte. Fedele alla Sua natura umana, il Bambino versa delle lacrime, ma nonostante la delicatezza della sua pelle e la rudezza della lama, le lacrime del Bambino sono per lo più causate dal dolore per la Sua consapevolezza soprannaturale della durezza del cuore degli uomini, più salda della silice.

Questi primi frutti del Suo sangue, offerti dall'Incarnazione del Verbo, sono accettati dal Padre come garanzia che Egli lo donerà tutto per estinguere il debito dei Figli di Adamo.

Maria percepisce questi comportamenti interiori di Gesù, agendo come una Madre verso Suo Figlio, nella Sua sofferenza. Ed Ella piange in reciproco amore e compassione, Madre e Figlio stretti l'una all'altro. Ella lo coccola sul suo seno verginale e raccoglie la sacra reliquia e il sangue caduto in un asciugamano.

Poi il sacerdote chiede quale nome vogliano dare al Bambino. Maria si volta verso Giuseppe e Giuseppe si volta verso Lei, e poi pronunciano all'unisono

"GESU' è il suo nome."

"I parenti sono unanimamente d'accordo, e grande è il nome che danno al Bambino" dice il sacerdote.

Ed egli scrive il nome sul registro dei nomi dei bambini. Ma, mentre scrive il nome, egli si commuove improvvisamente e versa copiose lacrime, benché non sia in grado di comprendere o spiegarne il motivo. Poi dice "questo Bambino sarà un grande Profeta del Signore. Abbiate cura nell'allevarlo e ditemi in che modo io possa alleviare le vostre necessità."

La Sacra coppia lo ringrazia benevolmente, gli offre delle candele ed altri oggetti e poi lo congeda.
Essi applicano la medicina che si sono procurati alle ferite di Gesù e mentre Egli guarisce, Maria lo tiene tra le Sue braccia notte e giorno e non si separa da Lui nemmeno per un istante.

# La Visita di Zaccaria

Zaccaria è arrivato alla casa ospitale dove la Sacra Famiglia si è trasferita. La padrona del terreno si reca nell'androne ad incontrare l'ospite in arrivo. Gli mostra una porta, bussa e poi si allontana con discrezione.

Giuseppe apre la porta ed emette un urlo di gioia quando vede Zaccaria. Conduce Zaccaria in una piccola stanza, piccola quanto un corridoio "Maria sta allattando il Bambino. Non ci metterà molto" dice Giuseppe. Egli fa spazio per Zaccaria sul suo divano "siediti" dice "devi essere stanco." Zaccaria si siede e Giuseppe si siede accanto a lui.

"Come sta il piccolo Giovanni?" Chiede Giuseppe
"Cresce forte come un puledrino. Ma sta mettendo i denti ora e soffre un po' ed è per questo che non abbiamo voluto portarlo. Fa molto freddo, e per questo non è venuta nemmeno Elisabetta. Non poteva lasciarlo senza latte. Era molto turbata, ma la stagione è così rigida!"

"E' davvero rigida!" Concorda Giuseppe.

"L'uomo che avete mandato da me dice che eravate senza un tetto quando Lui è nato. Dovete aver sofferto tanto."

"Sì, parecchio. Ma le nostre paure erano più grandi del nostro disagio. Avevamo paura per la salute del Bambino. E siamo dovuti rimanere lì per i primi giorni. A noi non mancava niente, perché i pastori hanno diffuso la buona novella tra la gente di Betlemme e molti di essi ci hanno portato dei doni. Ma non avevamo una casa... nemmeno una stanza decente... un letto... e Gesù piangeva così tanto, soprattutto di notte perché il vento entrava da ogni direzione. Accendevo un piccolo fuoco... solo piccolo perché il fumo faceva tossire Gesù... e faceva comunque freddo. Due animali non danno molto calore soprattutto quando l'aria fredda entra da ogni direzione!...
...Non avevamo acqua calda per lavarlo. Né vestiti asciutti con cui cambiarlo. Sì, ha sofferto parecchio!
...E Maria soffriva a veder soffrire Lui. Soffrivo io... quindi puoi immaginare l'angoscia di Sua Madre! Lo nutriva di latte e lacrime... latte e amore. Le cose vanno molto meglio qui ora. ...Gli avevo preparato una culla così comoda e Maria l'aveva imbottita con un soffice materassino. Ma è a Nazaret! Ah! Se fosse nato lì, le cose sarebbero state molto diverse!"

"Ma Cristo doveva nascere a Betlemme. Era stato profetizzato."

Maria sente le loro voci ed entra, tutta vestita di lana bianca, senza un velo e tenendo Gesù tra le braccia, addormentato nelle Sue fasce bianche.

Zaccaria si alza in riverenza e si inchina in adorazione. Poi, rispettosamente, si avvicina, inchinandosi in omaggio al Bambino che Maria gli porge. E poi, ancora in adorazione, Zaccaria lo prende, con il gesto di un sacerdote che solleva l'ostia già offerta agli uomini come nutrimento di amore e redenzione... e che sarà offerta in sacrificio. Poi Zaccaria lo porge indietro a Maria.

Si siedono tutti.
Zaccaria spiega di nuovo a Maria perché Elisabetta non è venuta e quanto ella fosse turbata. "Nei mesi scorsi, ella ha tessuto della biancheria per il Tuo Figlio benedetto. L'ho portata. E' nel baule al piano inferiore." Dice Zaccaria, alzandosi per andarla a prendere.

Torna indietro con un grosso pacco ed uno più piccolo.
Giuseppe lo alleggerisce del più pesante. Zaccaria estrae i
doni dal pacchetto più piccolo: una soffice coperta di lana
tessuta a mano, delle lenzuola e dei vestitini.
E dal pacco più grande: del miele, della farina bianca come la
neve, burro, mele per Maria, torte preparate da Elisabetta e
tanti altri piccoli pegni d'amore materno della riconoscente
cugina per la giovane Madre.

"Ti prego di dire ad Elisabetta che le sono molto
riconoscente, come lo sono anche nei tuoi confronti. Sarei
stata così felice di vederla, ma capisco la situazione. E mi
sarebbe anche piaciuto vedere il piccolo Giovanni..." dice
Maria a Zaccaria.

"Ma lo vedrai in primavera. Verremo a trovarti."

"Nazaret è troppo lontana" nota Giuseppe.

"Nazaret? Ma voi dovete restare qui. Il Messia deve crescere a
Betlemme. E' la città di Davide. Il supremo, attraverso la
volontà di Cesare, lo ha portato nella città nella terra di
Davide, la sacra terra di Giudea. Perché portarlo a Nazaret?
Sapete quale opinione hanno gli ebrei dei Nazareni. Questo
Bambino è destinato ad essere, negli anni futuri, il Salvatore
del Suo popolo. La città capitale non deve sdegnare il
proprio Re perché proviene da una terra disprezzata. Sapete
quanto me quanto è sfavorevole il Sinedrio e quanto sono

snob le sue tre caste principali...

......E poi, qui, accanto a me, io sarò in grado di aiutarvi in qualche modo, e mettere tutto ciò che possiedo, non tanto in beni materiali, ma in doni morali, al servizio di questo Bambino Appena Nato...

...E quando lui sarà grande abbastanza da poter comprendere, sarò molto felice di essere il Suo precettore, come lo sarò per mio figlio, in modo tale che in seguito, quando Egli crescerà, mi benedirà...

...Dobbiamo considerare che Egli è destinato a grandi cose... e quindi dovrà essere in una posizione tale da potersi presentare al mondo con tutti i mezzi necessari a vincere la Sua partita. ..

...Egli sarà certamente dotato di saggezza. Ma il semplice fatto di essere stato educato da sacerdote lo renderà più accettabile dagli ostici Farisei e Scribi e renderà più facile la Sua missione."

Maria guarda Giuseppe e Giuseppe guarda Maria, in uno scambio silenzioso di domande al di sopra della rosea testa innocente del Bambino addormentato. E sono domande piene di tristezza mentre Maria pensa alla Sua piccola casa e Giuseppe al suo lavoro. Ed entrambi si chiedono come faranno a ricominciare da zero qui, dove fino a qualche giorno prima essi erano completamente sconosciuti. Qui essi non hanno nessuna delle care cose che hanno lasciato a casa, che avevano preparato con tanto amore per il Bambino.

"Come facciamo?" Chiede Maria "Abbiamo lasciato tutto lì.

Giuseppe ha lavorato così duramente per il Mio Gesù, senza risparmiarsi né nel lavoro né nel denaro; ha lavorato di notte in modo tale che di giorno potesse lavorare per altri e così guadagnare abbastanza per poter comprare il miglior legno, la lana più soffice, la biancheria più raffinata e preparare tutto per Gesù... ha costruito alveari e anche lavorato come muratore per modificare la casa in modo tale che la culla potesse adattarsi alla mia camera e rimanere lì fino a quando Gesù sarebbe cresciuto e la culla sarebbe potuta essere sostituita da un letto, perché Gesù resterà con me fin quando sarà adolescente.

"Giuseppe può andare a prendere ciò che avete lasciato lì."

"E dove lo metterà? Lo sai, Zaccaria, che noi siamo poveri. Abbiamo solo il nostro lavoro e la nostra casa. Ed entrambi ci permettono di vivere senza morire di fame. Ma qui... forse troveremo qualche lavoro. Ma avremo sempre il problema di una casa. Questa buona donna non può darci ospitalità per sempre. Ed io non posso sacrificare Giuseppe più di quanto egli non si sia già sacrificato per il Mio bene!"

"Oh! Io! Non è niente per me! Sono preoccupato per il dolore di Maria... Il suo dolore nel non vivere nella propria casa..."
Due grosse lacrime scendono dagli occhi di Maria.

"Credo che quella casa debba essere tanto cara a Lei quanto il Paradiso per il mistero che si è compiuto in essa. Io parlo poco ma comprendo molto. Non sarei turbato se non fosse per quello. Lavorerò il doppio, tutto qui. Sono giovane e forte abbastanza per lavorare il doppio di quanto ero abituato a a fare e per badare a tutto. E se Maria non soffrirà abbastanza... e se tu dici che è così che dobbiamo fare... bene, eccomi qua. Farò qualsiasi cosa tu reputi la più opportuna. Ammesso che sia di aiuto a Gesù."

"Sarà certamente di aiuto. Pensaci su e capirai i motivi.

"Si dice anche che il Messia sarà chiamato Nazareno..." obietta Maria.

"E' vero. Ma, almeno fin quando non sarà adulto, lascia che cresca in Giudea. Il profeta dice: "E tu Betlemme Efrata, sarai la più grande, perché da te verrà il Salvatore." Non parla di Nazaret. Forse quel titolo gli è stato dato per qualche ragione a noi sconosciuta. Ma questa è la Sua terra."

"Tu dici così, sacerdote, e noi... noi ti ascoltiamo con cuori tristi e ti crediamo. Ma quanto è doloroso! ...Quando vedrò quella casa in cui sono diventata Madre?" Chiede Maria, piangendo silenziosamente.

# La Presentazione di Gesù al Tempio

Come un padre tende a ripetere continuamente ciò di cui ha avuto piacevole esperienza, così la legge della presentazione dei figli primigeniti fu creata in modo tale che gli uomini giusti di Israele potranno santificare per sempre i loro figli primigeniti al Padre Dio, nell'attesa che uno di questi primigeniti divenga il Dio-Uomo del quale Dio è al tempo stesso Padre e Unità. Maria comprende questo e, alla vigilia della presentazione, prega il Padre dicendo:

*"Mio Signore e Dio Supremo, Padre del Mio Signore, un giorno di festa per il paradiso e la Terrà sarà quello in cui porterò e offrirò a Te nel Tuo sacro Tempio, il Custode e Tesoro vivente della Tua Divinità. Ricca, O mio Signore e Dio, è questa offerta e Tu puoi riversare, in cambio di essa, la Tua misericordia sulla razza umana; perdonare i peccatori, consolare gli afflitti, aiutare i bisognosi, arricchire i poveri, rafforzare i deboli, indebolire i forti, illuminare i ciechi ed incontrare coloro che si sono smarriti. Questo è ciò che Io chiedo nell'offrirti il Tuo Unigenito, Che, per la Tua misericordiosa concezione è anche Mio Figlio. Se Tu hai*

*donato Lui a Me come Dio, Io lo restituisco a Te come Dio e come Uomo. Il Suo valore è infinito e ciò che Io chiedo a Te è molto meno. Io ritornerò in opulenza al Tuo sacro Tempio da cui sono partita in povertà. E la Mia anima Ti amplificherà per sempre perché la Tua divina destra si è mostrata a me così generosa e potente."*

La Sacra Famiglia parte per il Tempio accompagnata come sempre dalla loro solida scorta di diecimila angeli ed altri quattromila inviati dal paradiso per l'occasione.

Maria, vestita di bianco, con un mantello celeste e un velo bianco sulla testa, discende con attenzione una scala esterna di una modesta casa a Betlemme, portando con la maggior cura tra le Sue braccia, il Suo Bambino avvolto in fasce bianche.

Giuseppe, in una tunica marrone chiaro e un mantello dello stesso colore, attende ai piedi della scalinata con un piccolo asino grigio. Egli guarda Maria mentre Ella si avvicina e Le sorride. Quando Maria lo raggiunge, egli prende le briglie dell'asino con la mano sinistra e prende per un attimo il Bambino addormentato mentre Maria si sistema sulla sella dell'asino. Poi Le restituisce Gesù e partono per il Tempio di Gerusalemme.

Tenendo in mano le briglie, Giuseppe cammina accanto a Maria, tenendo l'asino su una traiettoria dritta e piana per evitare di farlo inciampare. Maria stende il bordo del suo mantello su Gesù, nel suo grembo, per tenerlo al caldo. Mentre viaggia, la coppia parla poco ma si scambia spesso dei sorrisi. E' una strada tortuosa in una terra resa arida dall'inverno pungente e ci sono pochi viaggiatori sulla strada.

Essi entrano nella città attraverso un portale e continuano sul pavimento rotto della strada stretta che sale leggermente sulla collina, con strette porte basse e solo poche finestre sulla strada. In alto, molte sottili strisce blu di cielo appaiono tra i solai.

C'è molto baccano e molta gente per strada; alcuni a piedi, altri sugli asini, altri che conducono asini carichi ed una folla che segue un'ingombrante carovana a cammello.

La Sacra Famiglia avanza irregolarmente mentre il traffico fa fermare e ripartire spesso l'asino e le buche nel pavimento fanno ragliare continuamente il povero animale, rendendo scomoda la cavalcata per la Madre e il Bambino.

Una truppa Romana passa accanto con un gran fragore di zoccoli e armi e scompare dietro un arco costruito su una stretta strada pietrosa.

Giuseppe gira a sinistra su una strada più ampia e gradevole e le mura di Gerusalemme emergono in fondo alla strada.

Alla stalla per l'asino accanto all'ingresso, Maria scende.

Giuseppe dà alcune monete al piccolo uomo che gli si è avvicinato, per un po' di fieno e dell'acqua, che egli raccoglie con un secchio da un pozzo rustico nell'angolo. Egli dà da mangiare all'asino e si unisce a Maria ed entrano entrambi nella recinzione del Tempio.

Essi procedono verso una galleria con mercanti che vendono agnelli e colombe e con dei cambiavalute. Gesù un giorno manderà via questi mercanti. Per ora, Giuseppe compra due piccoli colombi, poi entrano in una grande e decorata porta laterale con otto gradini come tutte le porte sembrano avere, perché il centro del Tempio è sollevato rispetto alle zone circostanti.

All'interno si trova un'ampia sala con altari rettangolari a destra e a sinistra. Le sommità degli altari sono come delle vasche con il bordo esterno più alto dell'interno di alcuni centimetri.

Un sacerdote si avvicina e Maria gli offre due piccoli colombi e una manciata di monete e il sacerdote La asperge di acqua santa. Poi Ella accompagna il sacerdote in un'anticamera del Tempio.

E' un'ampia sala decorata con teste d'angelo scolpite e palme che guarniscono le colonne, le mura e il soffitto. La luce filtra attraverso finestre lunghe e sottili collocate in diagonale sui muri.

Maria avanza e si ferma ad alcuni metri da una scalinata che conduce ad un altare, al di là del quale si trova il Luogo Santissimo - il Tabernacolo - dove solo i sacerdoti possono andare.

Gesù, ora sveglio, volge i Suoi occhi innocenti verso il sacerdote a cui Maria Lo sta offrendo, con lo sguardo stupito dei neonati di pochi giorni. Il sacerdote Lo prende tra le braccia e sale in cima alle scale, sull'altare.

Maria comincia a pregare e subito viene immersa in una visione interna, sebbene esternamente Ella rimanga pienamente presente. Anche Giuseppe sente la dolce presenza dello Spirito Santo che lo riempie di gioia e di luce divina.

Il sacerdote solleva Gesù, con le braccia completamente distese, verso il Luogo Santissimo e Maria sente una voce nella Sua visione che dice:

"Questo è il Mio Figlio adorato di cui Io sono ben Appagato"

A presentazione finita, il sacerdote riporta indietro il Bambino e Lo porge a Sua Madre e poi va via.
Un piccolo uomo curvo, da un gruppo di astanti, si avvicina piegato su un bastone. Simeone deve avere più di ottant'anni. Egli è un semplice credente, un sant'uomo, non un sacerdote. Egli vede la Sacra famiglia circondata dalla luce dello Spirito Santo e sia avvicina a Maria e Le chiede di dargli il Bambino per un momento e Maria gli obbedisce, sorridendo.

Simeone prende il Bambino, lo bacia e Gesù gli dona il Suo sorriso di bambino e guarda l'anziano uomo con curiosità perché il vecchio piange e ride allo stesso tempo, con le lacrime che formano un ricamo brillante che scorre giù sul suo volto rugoso e imperla la sua lunga barba bianca che

Gesù arriva a toccare.

Maria e Giuseppe sorridono. E così fanno gli altri che elogiano la bellezza del Bambino.

"Guardate che questo Bambino è concepito per la caduta e la resurrezione di molti in Israele. E per un segno, che sarà contraddetto." Dice Simeone.

E poi rivolto a Maria, aggiunge "E il tuo proprio figlio, una spada trafiggerà, in modo che da tanti cuori, possano esser rivelati dei pensieri."

Quando Simeone cita la spada e il segno della contraddizione, Gesù piega la sua testa di Neonato, come atto interiore di obbedienza al Padre.

Giuseppe è sbalordito dalle parole di Simeone mentre Maria nota l'atto di obbedienza di Gesù al Padre ed è profondamente commossa. E quando Simeone cita il dolore, il Suo sorriso scompare ed Ella diventa pallida. Benché Ella sappia già, quella parola trafigge la Sua anima e tutta la gioia di Maria è tramutata in dolore perché è in questo momento che Ella apprende più chiaramente e in maggior dettaglio quali sofferenze e quale crudele morte lo attende; che Egli sarà perseguitato in ogni modo, i suoi insegnamenti opposti non creduti, la Sua reputazione sebbene nobile - di discendenza reale - sarà disprezzata, Egli sarà trattato come un contadino, sebbene Egli sia la Saggezza in persona, Egli sarà trattato da ignorante, da pazzo, da alcolizzato, da ingordo, da amico di locandieri e peccatori, e sarà chiamato falso Profeta. Egli sarà trattato da eretico, da stregone e sarà chiamato posseduto dai demoni per scacciare i demoni.

Egli sarà bendato, schernito, il Suo santo volto malmenato e profanato. Sarà chiamato blasfemo per aver affermato di essere il Figlio di Dio e per cui lo condanneranno a morte, sarà considerato così notoriamente malvagio che gli Ebrei diranno a Pilato che non sarà necessario un processo per condannarlo a morte.

Ella si avvicina a Giuseppe per conforto e stringe il Suo Bambino al Suo seno appassionatamente.

Alcuni nella folla sono commossi, altri sorpresi ma altri, inclusi alcuni membri del Sinedrio, ridono delle parole dell'anziano uomo, scuotono la testa e guardano l'anziano uomo con sguardi pietosi, pensando che sia pazzo.

"Donna" dice Anna di Fanuele, "Colui che ha donato un Salvatore al Suo popolo, non mancherà del potere di mandare i Suoi angeli a consolare le Tue lacrime. Alle grandi donne di Israele non è mai mancato l'aiuto del Signore e Tu sei molto più grande di Giuditta e Giaele. Il nostro Dio Ti donerà un cuore fatto dell'oro più puro per affrontare la tempesta di dolore, così Tu sarai la più grande donna del creato: la Madre. E Tu Bambino, ricordati di me nell'ora della Tua missione."

Da queste due anziane sante persone, la testimonianza pubblica dell'arrivo del Redentore viene data al mondo.

## La Ninna Nanna di Maria

Maria posa il Suo lavoro di cucito per allattare e cambiare le fasce di Gesù che ha sei mesi, nella loro piccola stanza a Betlemme, dove si trova anche il Suo telaio.

Fuori, il sole al tramonto ha colorato il cielo chiaro con tante nuvole dorate. Le mandrie nei pascoli si incamminano verso i loro ovili, pascolando sull'ultima erba del prato fiorito, belando con le teste sollevate.

Gesù è addormentato ma un po' inquieto come se soffrisse i dolori della dentizione o altre malattie dell'infanzia.

Maria gli canta una dolce ninna nanna, un vero Canto di Natale, in una pura voce limpida per calmare il Suo sonno

« *Piccole nuvole dorate - sembrano le greggi del Signore*

*Sul campo pieno di fiori - un altro gregge sta guardando.*

*Ma se io avessi tutte le greggi - che esistono nel mondo,*

*L'agnellino a Me più caro - Tu sempre sarai.*

*Dormi, dormi, dormi, dormi,*

*Non piangere più...*


*Molte stelle luminose - brillano nel cielo.*

*Che i Tuoi dolci occhi gentili - non versino più lacrime.*

*I tuoi occhi di zaffiro - sono le stelle del Mio cuore.*

*Le tue lacrime Mi fanno piangere - oh! Non piangere più.*

*Dormi, dormi, dormi, dormi,*

*Non piangere più...*


*Tutti gli angeli luminosi - che sono in Paradiso,*

*Formano un cerchio attorno a Te, innocente Bambino - estasiati dal Tuo volto.*

*Ma Tu piangi perché la Tua Mamma - Mamma, Mamma, Ma.*

*Canti la Tua ninna nanna - nanna, nanna, na.*

*Dormi, dormi, dormi, dormi,*

*Non piangere più...*

*Il cielo sarà presto rosso - e l'alba presto tornerà,*

*E la Mamma non ha riposato - per assicurarsi che Tu non pianga.*

*« Mamma » quando sveglio Mi chiamerai « Figlio » Io risponderò.*

*Un bacio di amore e vita - Ti darò col Mio seno.*

*Dormi, dormi, dormi, dormi,*

*Non piangere più...*


*Tu hai bisogno della Tua Mamma - anche se sogni il Paradiso.*

*Vieni, vieni! Sotto il Mio velo - ti farò dormire.*

*Il mio seno è il Tuo cuscino - la Tua culla le Mie braccia,*

*Non aver paura, Mio caro - Io sono qui con Te... Dormi, dormi, dormi, dormi,*

*Non piangere più...*


*Io sarò sempre con Te - Sei la vita del Mio cuore*

*Egli dorme come un fiore - Riposando sul Mio seno Egli dorme*

*Stai tranquillo! - Suo Padre forse Egli vede,*

*E la vista asciuga le lacrime - Del mio dolce Gesù.*

*Egli dorme, dorme, dorme, dorme,*

*E non piange più...»*

Ella canta con una tale grazia e amore e la sua voce è così indescrivibilmente pura che la dolce melodia sembra invocare il Paradiso stesso. Ed Ella dondola la culla molto dolcemente mentre canta.

Ma Gesù non sembra placarsi, così Ella lo prende tra le braccia e, seduta accanto alla finestra aperta con la culla al Suo fianco e dondolando leggermente al ritmo della canzone, ripete ancora la nonna nonna, due volte, fino a quando Gesù chiude i suoi piccoli occhi, gira la testa sul seno di Sua Madre e si addormenta così, con la testa posata sul confortevole calore del seno di Sua Madre, con una mano anch'essa posata sul seno, accanto alla sua guancia rosea, e l'altra rilassata sul Suo fianco. E così Egli dorme, all'ombra del velo di Sua Madre.

Poi Maria si alza, lo distende con attenzione nella culla, lo copre con piccole coperte, stende un velo per proteggerlo dalle mosche e dall'aria fredda e poi resta a contemplare il Suo tesoro addormentato. Rimane piegata con una mano sulla culla per dondolarla nel caso egli dovesse svegliarsi, l'altra sul Suo cuore sorridendo felice, mentre il silenzio e il buio esterni scendono e penetrano nella Sua piccola stanza verginale.

# L'Adorazione dei Saggi

Tornando alla notte in cui Gesù è nato, un angelo porta la notizia nell'Asia meridionale, in Mongolia e nella regione del Nilo. Fuori dall'aria, l'angelo crea una gloriosa stella che, benché più piccola delle stelle del paradiso, è più vicina alla Terra e così molto più grande da vedere. La stella dovrà essere una guida per condurre i prescelti a Betlemme in adorazione. Viaggiando solo di notte, per molti mesi, con la sua più bella luce, essa illumina il cielo notturno e, di giorno, confonde la sua luce con quella del sole.

E' notte fonda a Betlemme, le strade sono deserte e l'argenteo chiaro di luna fa sembrare la cittadina una nidiata di polli che dormono sotto le stelle.

Le luci diventano più luminose, scendendo da un cielo orientale fitto di stelle così luminose, così grandi e che sembrano così basse da poter essere raggiunte e toccate nel buio vellutato della volta del Paradiso.
Una sola stella, molto più grande della luna, attraversa il cielo

di Betlemme, eclissando tutte le altre stelle come una regina che passa davanti alle sue ancelle in luminosa gloria. La stella sembra una sfera di gigantesco zaffiro bianco, illuminato dall'interno dalla sua luce propria, ed emana un fascio di luce spettrale con varie sfumature di opali trasparenti; biondi topazi, verdi smeraldi, lampi di rubini rosso sangue e ametiste che luccicano dolcemente si mescolano al predominante zaffiro chiaro. La scia rapidamente ondeggiante che attraversa il cielo è animata di tutti i colori delle pietre preziose della Terra. Ma il paradisiaco bagliore color zaffiro pallido che emana dal globo, inonda le case, le strade, i terreni di Betlemme - la culla del Salvatore - conferendole una sfumatura blu argento che trasforma la povera città nella fantastica città argentea di una fiaba, e trasforma l'acqua delle sue fontane e degli altri recipienti in diamante liquido.

Con un irraggiamento di luce più luminoso, la stella viene a fermarsi al di sopra della piccola casa sul lato più stretto della piazza. Ma gli abitanti della casa, come la gente di Betlemme, sono tutti addormentati dietro le porte chiuse. La stella accelera le sue vibranti pulsazioni, facendo vibrare e ondeggiare la scia sempre più rapidamente in un semicerchio nel cielo notturno, tracciando un reticolo di stelle pieno di brillanti e colorate pietre preziose nelle più graziose sfumature e illuminando il cielo in una danza gioiosa.

La piccola casa è trasfigurata dal fuoco liquido delle gemme; il tetto del piccolo solaio, i gradini di pietra scura, la piccola porta sono come blocchi di puro argento spruzzato di polvere di diamante e di perla, come nessun palazzo reale sulla terra lo è mai stato o lo sarà mai; costruita ad uso degli angeli e della Madre di Dio.

Ma la vergine, sveglia e inconsapevole, è inginocchiata pregando accanto alla culla di Suo Figlio. Ci sono splendori nella Sua anima che superano di gran lunga lo splendore esterno.
Dalla strada principale, un corteo di cavalli imbrigliati condotti a mano, dromedari e cammelli cavalcati da fantini o che trasportano carichi si avvicinano con un battere di zoccoli che sembra acqua frusciante sulle rocce di un torrente. Quando raggiungono la piazza, si fermano tutti.

In questa luce di stelle il corteo sembra una fantasia di fasti, dalle bardature dei cavalli più ricchi, i costumi dei cavalieri, i loro volti, il loro bagaglio... tutto risplende. E lo splendore della stella aumenta lo splendore dei metalli, delle pelli, delle sete, delle gemme e dei mantelli. I loro occhi sono radianti e le loro bocche sorridenti perché un altro splendore brilla nei loro cuori: uno splendore di gioia soprannaturale.

Tre membri della carovana scendono e camminano verso la piccola casa mentre i servitori guidano rapidamente gli animali nel cortile della taverna dei viaggiatori.
I tre uomini si prostrano a terra con la loro fronte e baciano la terra. Dal loro abbigliamento molto sfarzoso è evidente che si tratta di uomini di potere. Uno di loro, di carnagione molto scura, che è sceso da un cammello, è avvolto in uno sciamma

- un indumento etiope - di pura seta luminosa, tenuto in vita da una preziosa cintura che regge anche una daga d'oro o forse una spada con un manico tempestato di pietre preziose.

Degli altri due, entrambi arrivati su splendidi cavalli, uno indossa una bellissima tonaca a strisce in prevalenza gialle, fatto come un lungo e largo mantello con un cappuccio e un cordone con un ricamo dorato tanto ricco da sembrare filigrana d'oro.
Il terzo uomo indossa una camicia di seta sblusata su pantaloni lunghi e larghi, stretti alle caviglie, ed è avvolto in un raffinato scialle che sembra un giardino di fiori, tanto splendenti sono i fiori che lo adornano. Sulla testa egli indossa un turbante fermato da una piccola catena coperta da una montatura di diamanti.

Essi finiscono di venerare la terra fuori dalla casa dove si trova il Salvatore e ritornano alla locanda dei viaggiatori, dove i servi hanno bussato e sono entrati.


Qualche ora dopo, quando il sole splende nel cielo pomeridiano, un servitore esce dalla locanda e attraversa la piazza fino alla piccola casa dove sale le scale ed entra. Qualche istante dopo, egli esce di nuovo e ritorna nella taverna.

Un quarto d'ora più tardi i tre Magi escono dalla taverna, ciascuno seguito dal proprio servo. I magi sono vestiti in una maniera più ricca della notte prima; le loro sete splendono, le gemme brillano, un grosso fascio di piume su un turbante è incastonato di pietre preziose.

Mentre avanzano solennemente attraverso la piazza, alcuni passanti si fermano a guardare.

Uno dei servitori porta uno scrigno decorato con un'applicazione di oro inciso.

Il secondo servo ha un bellissimo calice con un'elegante finitura e un coperchio di oro puro, anch'esso di elegante finitura.

Il terzo servo ha una bassa e ampia anfora d'oro con un coperchio a forma di piramide con in cima un diamante. La fatica sul volto dei servi mostra che i doni che trasportano sono pesanti, ma il servo con lo scrigno sembra trasportare il più pesante di tutti.

Essi salgono le scale ed entrano in una stanza che si estende dalla strada di fronte fino al retro della casa. La luce del sole penetra da una finestra sul retro, da cui è visibile il piccolo orto. Dalle porte sugli altri due muri i proprietari della casa - un uomo, una donna, alcuni ragazzi e bambini più piccoli, guardano con la coda dell'occhio.

Maria siede con Gesù in grembo e Giuseppe è in piedi accanto a Lei, ma Ella si alza e si inchina quando i Magi entrano.

Ella indossa un abito bianco lungo fino alle caviglie e ai sottili polsi e le Sue trecce bionde formato una corona sul Suo bellissimo volto, adesso leggermente rosato per l'emozione. "Che Dio sia con voi" dice Maria ai Magi, con i Suoi occhi che sorridono dolcemente.

I tre Magi si immobilizzano per un attimo sbalorditi. Poi si avvicinano e si inginocchiano ai Suoi piedi.
Poi le chiedono di sedersi.

Maria chiede ai Magi di sedersi ma essi rimangono in ginocchio, allentando il peso sui talloni. I tre servi portano avanti i tre doni e li depongono di fronte ai magi. Poi tornano sulla soglia e si inginocchiano dietro i loro padroni.

I tre saggi contemplano Gesù, di nove mesi, seduto in grembo a Sua Madre, che sorride e ciancia in una voce acuta come un uccellino. E' vivace e forte e indossa una semplice tunica bianca da cui spuntano i Suoi irrequieti piedi, con sandali bianchi. Le sue manine paffute vorrebbero prendere tutto. Ha il più bel faccino di tutti, con due occhi splendenti blu scuro, fossette sulle guance e una graziosa bocca che mostra i Suoi primi dentini quando sorride. E i Suoi graziosi riccioli sono così luminosi che sembrano polvere d'oro.

A nome di tutti e tre, il più vecchio dei magi spiega a Maria che una notte, lo scorso dicembre, essi videro uno stella insolitamente luminosa apparire nel cielo. La stella non era né conosciuta né citata nelle mappe stellari fino ad allora; il suo nome è sconosciuto perché essa non ha nome.

Nata dal ventre di Dio, essa è fiorita per raccontare agli uomini una verità benedetta, un segreto di Dio. Ma gli uomini non le prestano attenzione perché le loro anime sono immerse nel fango. Essi non alzano lo sguardo a Dio, né sono capaci di leggere le parole che Egli scrive con stelle di fuoco nella volta del Paradiso. Che Egli sia benedetto per sempre.

I tre Magi vedono la stella e fanno enormi sforzi per comprenderne il significato; rinunciando felicemente al sonno e dimenticando anche il loro cibo, essi si dedicano completamente allo studio dello zodiaco; l'allineamento delle stelle, il tempo, le stagioni e l'ora. E la combinazione di tutto

ciò dice loro che il nome della stella è "Messia".
Ed il segreto: "Il Messia è venuto al mondo."

Ed essi si preparano a venerarlo, ciascuno di loro sconosciuto agli altri; dalle Indie meridionali - cioè le odierne Turchia, Afghanistan e Persia. Le catene montuose della Mongolia che sono il dominio delle aquile e degli avvoltoi, dove Dio parla nel ruggito dei venti e dei torrenti e scrive parole di mistero nelle immense pagine dei ghiacciai. E dal luogo in cui il Nilo sorge e scorre con le sue acque blu nel cuore azzurro del Mediterraneo.

Essi scalano monti e valli, attraversano fiumi e deserti; vasti oceani più pericolosi dei mari, viaggiando di notte, diretti verso la Palestina perché la stella li guida in quella direzione. Ciascuno di loro sconosciuto agli altri. E per ciascuno di loro, da tre diversi punti della Terra, la stella va in quella direzione. E poi si incontrano dietro il Mar Morto dove la volontà di Dio li ha riuniti e cominciano a discutere tra loro di ciò che hanno visto, la rivelazione che hanno ricevuto e quali erano i loro piani, e realizzano che le loro storie sono identiche. E così continuano insieme. E sebbene ognuno di loro parli la propria lingua, essi si comprendono per un miracolo del Padre Eterno - un'anticipazione del miracolo della Pentecoste che avverrà più di trent'anni dopo.

Essi si recano a Gerusalemme perché il Messia sarà il Re degli Ebrei. Ma quando arrivano lì, la stella si nasconde sul cielo di quella città. E sentono i loro cuori spezzarsi dal

dolore. Ed esaminano sé stessi per capire se hanno fallito nel meritare Dio, ma le loro coscienze li rassicurano.
Così si recano dal Re Erode e gli chiedono di dire loro in quale palazzo reale il Re degli Ebrei sia nato, così che essi possano andare a venerarlo.

Erode chiama a raccolta i sommi sacerdoti e gli scribi e chiede loro dove potrebbe essere nato il Messia, ed essi rispondono "A Betlemme, in Giudea."

Così essi si incamminano verso Betlemme e appena lasciano la Città Santa, la stella riappare loro.
La notte prima che entrino a Betlemme, la luminosità della stella aumenta e tutto il cielo è in fiamme.

Poi la stella si ferma al di sopra di questa casa, inglobando tutta la luce delle altre stelle nella propria luce. E così comprendono che il Divino Neonato è qui.

Ed ora essi lo stanno venerando, gli stanno offrendo i propri doni e, al di sopra di tutto, i loro cuori, che non smettono mai di ringraziare Dio per la grazia che ha donato loro.

Né smetteranno mai di amare Suo Figlio, il Cui santo corpo umano ora hanno visto.
Più tardi, essi pensano di tornare dal Re Erode, perché anche egli vuole venerarlo.

Nel frattempo, qui c'è dell'oro, che si addice ad un re.

Qui c'è dell'incenso, che si addice a un Dio.

Egli avrà esperienza dell'amarezza della carne, l'amarezza della vita umana e l'inevitabile legge della morte. Le nostre anime, piene come sono d'amore, preferirebbero non pronunciare queste parole e penserebbero piuttosto che la Sua carne sarà eterna come il Suo Spirito. Ma, Donna, se le nostre scritture e, soprattutto, le nostre anime dicono il vero, Egli è Tuo Figlio, il Salvatore, il Cristo di Dio. E così per salvare il mondo, egli dovrà far carico su Sé Stesso del male del mondo, di cui la morte è una delle punizioni.

La mirra è per quell'ora. Così che la Sua santa carne non possa essere soggetta alla decomposizione ma possa essere preservata intera fino alla sua resurrezione. Per questo dono, possa Egli ricordarsi di noi e salvare i Suoi servitori permettendo loro di entrare nel Suo Regno.

Nel frattempo, in modo che noi possiamo essere santificati, vuoi Tu, Madre, affidare il Tuo piccolo al nostro amore in modo che la Sua benedizione paradisiaca possa discendere su di noi mentre baciamo i Suoi piedi?

Nascondendo la tristezza causata dalle parole dei saggi, Maria offre il Bambino; Ella lo depone tra le braccia del più anziano dei magi che Lo bacia e riceve le sue carezze da Gesù. E poi egli lo porge agli altri due.

Gesù sorride e gioca con le loro catenelle e con le frange sui loro abiti. Egli guarda con curiosità lo scrigno aperto pieno di una sostanza gialla scintillante e sorride per l'arcobaleno prodotto dal sole che splende sulla punta brillante del coperchio della mirra.

Poi essi restituiscono il Bambino a Maria e si alzano in piedi. Anche Maria si alza in piedi ed essi si inchinano a vicenda, dopo che il più giovane ha dato un ordine al servo, che esce.

I tre uomini continuano a parlare per un po'. Non riescono a decidersi a lasciare la casa. Le lacrime splendono nei loro occhi ma alla fine essi si muovono verso la porta accompagnati da Maria e Giuseppe.

Gesù vuole scendere e dare la mano al più anziano dei tre. Ed Egli cammina così, tenuto per le mani da Maria e dal saggio, che si piegano entrambi per tenerlo dritto. Gesù cammina con un passo esitante, come tutti i bambini, e ride scalciando con i suoi piedini sulla striscia di pavimento illuminata dal sole.

La stanza si estende per la lunghezza della casa, per cui passa un po' di tempo prima che raggiungano la soglia, dove i magi si inginocchiano di nuovo e baciano i piedi di Gesù.

Maria, piegandosi sul Bambino, gli prende la mano e la guida in un gesto di benedizione sulla testa di ciascuno dei saggi, nel segno della croce tracciato dalle piccole dita di Gesù, guidato da Maria.

I Magi scendono i gradini verso la loro carovana in attesa, mentre le borchie dei cavalli splendono nel sole al tramonto. La gente si è radunata nella piccola piazza a guardare l'insolito spettacolo.

Giuseppe scende con i magi e tiene le staffe mentre ciascuno di essi monta sul proprio cavallo o cammello.

Maria solleva Gesù sull'ampio parapetto del pianerottolo e lo tiene sul Suo seno per evitare che Egli cada e Gesù ride, battendo le mani.

I servi e i padroni ora sono tutti saliti e qualcuno dà il comando di partenza.
I magi si inchinano ancora una volta fino ai colli dei loro cavalli in un gesto finale di omaggio. Giuseppe si inchina. Maria si inchina e guida di nuovo la mano di Gesù in un gesto di saluto e benedizione.

FINE

Se ti è piaciuto questo libro, si prega di inviare cortesemente un commento. Accogliamo con favore le vostre risposte. Grazie!

*Estratti da i sequel*

**L'Infanzia di Gesù**

.............................................

I rumori di Giuseppe che lavora nella sua bottega a Nazaret si diffondono nel silenzio della stanza da pranzo, dove Maria cuce alcune strisce di lana che Ella stessa ha tessuto. Le strisce sono di circa un metro e mezzo per tre di lunghezza e da esse ha in mente di creare un mantello per Giuseppe.

Cespugli increspati di piccole margherite di un blu violaceo si intravedono dalla parta aperta che conduce all'orto, annunciando l'autunno, benché le piante nell'orto siano ancora fitte di fogliame verde e belle.

Le api di un alveare situato su un muro soleggiato volano nella splendente luce del sole, ronzando e danzando dal fico alle viti e poi fino al melograno carico di frutti rotondi, alcuni dei quali si sono già spalancati per la crescita eccessiva, svelando le strisce di succosi rubini allineati negli scrigni verdi e rossi divisi in sezioni gialle.

Gesù, con la sua piccola testa bionda come un bagliore di luce, sta giocando sotto gli alberi con due ragazzi, i cugini Giacomo e Giuda, che hanno all'incirca la sua età. Essi hanno i capelli ricci, ma non sono biondi.

Uno, al contrario, ha dei riccioli molto scuri che fanno sembrare il suo viso rotondo più pallido, e due bellissimi grandi occhi spalancati di colore blu violaceo.

L'altro è meno riccioluto e ha i capelli castano scuro, gli occhi anch'essi castani e la carnagione più scura, con un alone rosato sulle guance.

I tre bambini giocano a fare la spesa in perfetta armonia con piccoli carrelli in cui ci sono vari articoli: foglie, piccole pietre, trucioli di legno, piccoli pezzi di legno.

Gesù è quello che compra cose per la Sua Mamma, a Cui porta ora una cosa, ora un'altra. Maria accetta tutti gli acquisti con un sorriso.

Poi il gioco cambia. Giacomo, uno dei due cugini, propone: "Giochiamo all'Esodo dall'Egitto. Gesù sarà

Mosè, io sarò Aronne e tu... Maria."

"Ma io sono un maschio!" Protesta Giuda.

"Non importa. E' lo stesso. Tu sei Maria, e tu danzerai davanti al vitello d'oro, e il vitello d'oro è l'alveare laggiù."

"Io non danzerò. Sono un uomo e non voglio fare la donna. Sono un devoto credente e non danzerò davanti a un idolo."

Gesù li interrompe: "Non giochiamo a quella parte. Giochiamo a quest'altra: quando Giosuè viene eletto successore di Mosè. Così non ci sarà nessun terribile peccato di idolatria e Giuda sarà felice di essere un uomo e il Mio successore. Tu sei felice?"

"Sì, Gesù. Ma poi Tu dovrai morire, perché Mosè dopo muore. Ma io non voglio che Tu muoia; sei sempre stato così affezionato a me."

"Tutti muoiono... ma prima di morire io benedirò Israele, e poiché voi siete gli unici qui, io benedirò tutta Israele in voi."

Essi concordano. Poi c'è una discussione: se il popolo di Israele, dopo aver viaggiato tanto a lungo, avesse ancora gli stessi carri che aveva quando ha lasciato l'Egitto. C'è una divergenza di opinione.

Si rivolgono a Maria. "Mamma, io dico che gli Israeliti avevano ancora i carri. Giacomo dice che non li avevano. Giuda non lo sa. Chi ha ragione? Tu lo sai?"

"Sì, Figlio Mio. Il popolo nomade aveva ancora i loro carri. Li ripararono quando si fermarono per riposare. La gente più povera viaggiò in essi ed anche le riserve di cibo e le tante cose necessarie per così tanta gente furono caricate in essi. Ad eccezione dell'Arca, che fu trasportata a mano, tutto il resto era nei carri."

Avendo ora ricevuto risposta alla domanda, i bambini scendono in fondo al frutteto e da lì, cantando salmi, vanno verso la casa, con Gesù in testa che canta salmi nella sua dolce voce argentina, seguito da Giuda e Giacomo che porta un carretto elevato all'ordine di Tabernacolo.

Ma poiché devono anche interpretare la parte del popolo, oltre a quella di Aronne e Giosuè, con le loro cinture hanno legato altri carri in miniatura ai loro piedi e così procedono molto seriamente, come veri attori.

Percorrono il pergolato per tutta la sua lunghezza e, quando passano davanti alla porta della stanza di Maria, Gesù dice: "Mamma, saluta l'Arca quando passa."
Maria si alza sorridendo e si inchina a Suo Figlio Che Le

passa accanto, raggiante nell'intensa luce del sole.

Poi Gesù si arrampica sul fianco della montagna che forma il confine esterno dell'orto, si erge sulla piccola grotta, e parla a... Israele, ripetendo gli ordini e le promesse di Dio. Poi nomina capo Giosuè, lo chiama e poi Giuda a sua volta si arrampica sulla roccia. Gesù-Mosè incoraggia e benedice Giuda-Giosuè... e poi chiede una... tavola (una grande foglia di fico), scrive il cantico e lo legge.
Non è proprio completo, ma ne contiene gran parte, e sembra che Egli lo legga dalla foglia. Poi congeda Giuda-Giosuè che Lo abbraccia piangendo. Gesù-Mosè poi si arrampica ancora più in alto, proprio sul bordo della roccia e da lì benedice tutta Israele, cioè i due prostrati al terreno. Poi si distende sull'erba bassa, chiude gli occhi e... muore.

Quando Lo vede disteso sul terreno, Maria, che è rimasta a guardare dalla soglia sorridendo, urla: "Gesù, Gesù! Alzati! Non stenderti così! La Tua Mamma non vuole vederti morto!"

Gesù si alza sorridente, corre da Lei e La bacia. Anche Giacomo e Giuda scendono e ricevono le carezze di Maria.

"Come fa Gesù a ricordare quel cantico che è così lungo e difficile e tutte quelle benedizioni?" Chiede Giacomo.

Maria sorride e risponde: "Ha una memoria molto buona e sta molto attento quando leggo."

"Anch'io, a scuola, sto attento. Ma poi mi addormento con tutto il frastuono... non imparerò mai allora? "

"Imparerai, da bravo."

Si sente bussare alla porta e Giuseppe attraversa rapidamente il frutteto e la casa e la apre.

"Pace a voi, Alfeo e Maria" Giuseppe saluta suo fratello e sua cognata, che hanno lasciato il loro rozzo carro e il loro asino in buona salute sulla strada fuori.

"E a voi, e siate benedetti!"

"Avete fatto buon viaggio?"
"Sì, molto buono. E i bambini?"
"Sono nell'orto con Maria."

Ma i bambini sono venuti a salutare loro madre. E così anche Maria, tenendo per mano Gesù. Le due cognate si baciano.

"Sono stati bravi?" Chiede Maria di Alfeo.

"Molto bravi e molto cari" risponde Maria. "I parenti stanno tutti bene?"

"Sì, tutti. Ti mandano i saluti. E Ti hanno mandato tanti regali da Cana; uva, mele, formaggio, uova, miele... E... Giuseppe?... Ho trovato proprio quello che cercavi per Gesù. E' sul carro, nel cesto rotondo." Aggiunge Maria di Alfeo, chinandosi su Gesù, Che la guarda con gli occhi spalancati.
"... Sai che cosa ho per te?... Indovina." Chiede lei, baciando le Sue due strisce di cielo blu.

Gesù pensa, ma non riesce a indovinare... forse deliberatamente per dare a Giuseppe la gioia di fargli una sorpresa. Giuseppe, infatti, entra, portando un grosso cesto rotondo, lo posa sul pavimento davanti a Gesù e slega la corda che ferma il coperchio e lo solleva... e una pecorella bianca, un vero ciuffo di schiuma, appare, addormentata nella paglia pulita.

"Oh!" esclama Gesù, gioiosamente sorpreso e felice. Sta per correre dall'animaletto ma poi si gira e corre da Giuseppe, che è ancora chinato sul cesto, lo bacia e lo ringrazia.

I due cuginetti guardano con ammirazione la piccola creatura, che ora è sveglia e solleva la testa rosea, belando, cercando la sua mamma. La portano fuori dal cesto e le offrono una manciata di crescione ed essa bruca, guardandosi intorno con i suoi occhi bonari.

"Per Me! Per Me! Grazie padre!" Canta Gesù con gioia.

"Ti piace così tanto!"

"Oh! Tantissimo!" Bianco, pulito... un agnellino... Oh!" E getta le Sue piccole braccia al collo della pecora, posa la Sua testa bionda sulla sua piccola testa e rimane così, felice.

"Ne ho portati altri due, anche per voi" dice Alfeo ai suoi figli. "Ma sono scuri. Voi non siete ordinati quanto Gesù e le vostre pecore sarebbero sempre in disordine se fossero bianche. Saranno il vostro gregge; le terrete assieme e così non andrete più a bighellonare per le strade, voi due birbantelli, a lanciarvi pietre."

Giuda e Giacomo corrono entrambi al carro e guardano gli altri due agnellini, che sono più bianchi che neri, mentre Gesù porta il Suo agnello nell'orto, gli dà da bere dell'acqua e il piccolo animale Lo segue come se Lo conoscesse da sempre. Gesù lo attira e lo chiama "Neve" e l'agnello bela felicemente in risposta.

Gli ospiti si siedono a tavola e Maria offre loro del pane, delle olive, del formaggio e una brocca di liquido di colore molto chiaro che potrebbe essere cedrata o dell'acqua addolcita con miele.

Gli adulti conversano mentre i tre ragazzi giocano con i loro animali che Gesù vuol riunire insieme in modo che possa dargli dell'acqua e un nome.
"Il tuo, Giuda, sarà chiamato 'Stella' perché ha quel segno sulla fronte... E il nome del tuo sarà "Fiamma" perché ha i colori fiammanti di certe eriche quando appassiscono."

"D'accordo."

Gli adulti parlano ed Alfeo dice "Spero di aver risolto il problema dei litigi tra i ragazzi. L'idea mi è venuta dalla tua richiesta, Giuseppe. Mi sono detto: 'Mio fratello vuole un agnello per Gesù in modo che possa avere qualcosa con cui giocare. Me ne procurerò altri due per quei monellacci per tenerli un po' tranquilli ed evitare continue discussioni con gli altri genitori su teste ferite e ginocchia sbucciate... con la scuola e con le pecore, riuscirò a tenerli tranquilli.' Ma quest'anno anche Voi dovrete mandare Gesù a scuola. E' ora."

"Non manderò mai Gesù a scuola." Dice Maria con decisione. E' piuttosto inusuale sentirla parlare in questo modo ed ancora di più sentirla parlare prima di Giuseppe.

"Perché? Il Bambino deve imparare per essere pronto a superare il suo esame quando diventa maggiorenne..."

"Il Bambino sarà pronto. Ma non andrà a scuola. Questo è piuttosto sicuro."

"Sarai l'unica donna di Israele a farlo."

"Sarò l'unica. Ma è ciò che farò. Non è giusto, Giuseppe?"

"Sì, è corretto. Non è necessario che Gesù vada a scuola. Maria è stata educata nel Tempio e conosce bene la legge quanto un qualunque Dottore. Sarà la Sua Insegnante. E' ciò che voglio anch'io."

"State rovinando il Ragazzo."

"Non puoi dire ciò. E' il miglior ragazzo di Nazaret. L'hai mai sentito gridare, o fare il cattivo, o essere disubbidiente o mancare di rispetto?

"No. E' vero. Ma lo farà se continuerete a rovinarlo."

"Non necessariamente rovini i tuoi ragazzi perché li tieni a casa. Tenerli a casa implica amarli con buon senso comune e con tutto il cuore. Ed è così che amiamo il nostro Gesù. E poiché Maria è meglio educata di un'insegnante, sarà l'insegnante di Gesù."

"E quando il vostro Gesù sarà un Uomo, sarà una sciocca

donnetta che avrà paura persino delle mosche."

"Non lo sarà. Maria è una Donna forte e Lo educherà da uomo vero. Io non sono un codardo e posso dargli esempi di virilità. Gesù è una creatura senza alcun difetto fisico o morale. Egli, quindi, crescerà, giusto e forte, sia nel corpo che nello spirito. Puoi starne certo, Alfeo... Non sarà una disgrazia per la famiglia... In ogni caso, è quello che ho deciso ed è tutto."

"Forse Maria ha deciso e tu..."

"E se così fosse? Non è giusto che due che si amano, dovrebbero avere gli stessi pensieri e gli stessi desideri, in modo che ciascuno possa accettare i desideri dell'altro come se fossero suoi?... Se Maria dovesse desiderare cose stupide, io Le direi 'No.' Ma Lei sta chiedendo qualcosa di molto saggio ed io sono d'accordo, e lo faccio mio. Noi ci amiamo, come il primo giorno, e continueremo a farlo finché vivremo. E' giusto, Maria?"

"Sì, Giuseppe. E speriamo che non accada mai, ma quando uno dei due morirà senza l'altro, continueremo ad amarci."

Giuseppe dà a Maria una pacca sulla testa come se fosse una giovane figlia ed Ella lo guarda con i suoi sereni occhi amorevoli.

"Tu hai piuttosto ragione" concorda Maria di Alfeo. "Vorrei saper insegnare! I nostri figliano imparano sia il bene che il male a scuola. A casa, imparano solo ciò che è bene. Ma non so se... se Maria..."

"Cos'è che desideri, Mia cognata? Parla liberamente. Sai che ti voglio bene e sono felice quando posso fare qualcosa per accontentarti.

"Stavo pensando... Giacomo e Giuseppe sono solo un po' più grandi di Gesù. Vanno già a scuola... per quello che hanno imparato!... Gesù invece, conosce già la legge così bene... che vorrei... eh, voglio dire, se ti chiedessi di prendere anche loro, quando insegnerai a Gesù? Penso che si comporterebbero meglio e sarebbero meglio educati. Dopo tutto, sono cugini, ed è semplicemente giusto che si amino come fratelli. Oh! Sarei così felice!"

"Se Giuseppe vuole, e tuo marito è d'accordo, Io sono piuttosto favorevole. E' la stessa cosa parlare ad uno e parlare e tre. Ed è una gioia completare l'intera Bibbia. Lasciali venire."

I tre bambini, che sono entrati tranquillamente, ascoltano e attendono la decisione finale.

"Ti porteranno alla disperazione, Maria." Dice Alfeo.

"No! Sono sempre buoni con Me. Voi sarete buoni se vi farò da insegnante, vero?"

I due ragazzi si avvicinano e si fermano ai lati di Maria, le mettono le braccia intorno alle spalle, piegano le loro piccole teste sulle Sue spalle e promettono tutto il bene del mondo.

"Lasciali provare, Alfeo, e lasciami provare. Sono sicuro che non resterai deluso dalla prova. Possono venire tutti i giorni dalla sesta ora (mezzogiorno) alla sera (sei del pomeriggio - al tramonto). Sarà sufficiente, credimi. So come insegnare loro senza stancarli. Devi mantenere la loro attenzione e farli rilassare allo stesso tempo. Devi comprenderli, amarli ed essere amato da loro, se vuoi ottenere buoni risultati... E voi mi amerete, vero?

E Maria riceve due grossi baci in risposta.

"Vedi?"

"Vedo. Posso solo dire: 'Grazie.' E cosa dirà Gesù quando vedrà la Sua Mamma impegnata con gli altri? Che ne dici, Gesù?"

"Io dico: 'Sono felici coloro che La ascoltano e costruiscono la loro dimora accanto alla Sua.' Come per la Saggezza, sono felici coloro che sono amici di Mia Madre, ed io sono felice che Coloro che io amo siano Suoi amici."

"Ma chi mette queste parole in bocca al Bambino?" Chiede Alfeo, esterrefatto.

"Nessuno, fratello. Nessuno in questo mondo."

E così Maria diventa l'insegnante di Gesù, Giuda e Giacomo e i tre ragazzi, cugini, arrivano ad amarsi come fratelli, crescendo insieme, "come tre germogli sorretti da un palo"... Gesù è il Suo pupillo esattamente come lo sono i Suoi cugini. E attraverso questa parvenza di vita normale, viene mantenuto il "sigillo" sul segreto di Dio contro le indagini dal Maligno.

www.ingramcontent.com/pod-product-compliance
Lightning Source LLC
Chambersburg PA
CBHW061333040426
42444CB00011B/2897